乡村振兴

实用法律手册

风险防范 · 职责梳理 · 流程图解

天津市第一中级人民法院　编

RURAL
REVITALIZATION

法律出版社
LAW PRESS · CHINA
—— 北京 ——

图书在版编目(CIP)数据

乡村振兴实用法律手册:风险防范·职责梳理·流程图解 / 天津市第一中级人民法院编. -- 北京:法律出版社,2022
ISBN 978-7-5197-7164-5

Ⅰ.①乡… Ⅱ.①天… Ⅲ.①法律-中国-手册
Ⅳ.①D920.5-62

中国版本图书馆 CIP 数据核字(2022)第 184729 号

乡村振兴实用法律手册
——风险防范·职责梳理·流程图解
XIANGCUN ZHENXING SHIYONG FALÜ SHOUCE
—FENGXIAN FANGFAN · ZHIZE SHULI · LIUCHENG TUJIE

天津市第一中级人民法院 编

策划编辑 周 洁 林 蕊
责任编辑 周 洁 林 蕊
装帧设计 李 瞻

出版发行 法律出版社
编辑统筹 司法实务出版分社
责任校对 王晓萍 王语童
责任印制 胡晓雅
经 销 新华书店

开本 880 毫米×1230 毫米 1/32
印张 6.25 字数 125 千
版本 2022 年 12 月第 1 版
印次 2022 年 12 月第 1 次印刷
印刷 三河市兴达印务有限公司

地址:北京市丰台区莲花池西里 7 号(100073)
网址:www.lawpress.com.cn
投稿邮箱:info@lawpress.com.cn
举报盗版邮箱:jbwq@lawpress.com.cn

销售电话:010-83938349
客服电话:010-83938350
咨询电话:010-63939796

书号:ISBN 978-7-5197-7164-5
定价:36.00 元

凡购买本社图书,如有印装错误,我社负责退换。电话:010-83938349

本书编委会

主　　　编：张　勇

执行主编：高　鹏

执行副主编：高　卫　赵海波

编　　　委：张文波　徐建国　李　健

序　言

乡村要振兴，法治必先行。中共中央、国务院《关于加强基层治理体系和治理能力现代化建设的意见》明确要求，要推进基层治理法治建设，提升基层党员、干部法治素养，引导群众积极参与、依法支持和配合基层治理。因此，不断加强农业农村普法宣传，强化法律在维护农民权益、规范市场运行、农业支持保护、生态环境治理、化解农村社会矛盾等方面的权威地位，为乡村振兴战略提供坚强的司法保障和优质的司法服务，是人民法院肩负的重要使命和重大政治任务。

近年来，乡村干部、农民群众运用法治思维和法治方式深化改革、推动发展、化解矛盾、维护稳定、应对风险的能力有了显著提高。但同时也应当注意到，新时代农村事务面临的法律问题日益复杂，一些农村干部群众法治意识相对薄弱、乡村腐败事件时有发生、国家执法资源下沉不够等，都是乡村治理过程中遇到的现实问题。因此，如何构建全方位的乡村振兴法律风险管理体系，如何有效防范村级事务中的法律风险特别是刑事责任风险，如何规避农村资产、资源、资金管理中可能遇到的风险问题，农村土地流转、承包经营、农村宅基地的管理与使用中有哪些注意事项，如何处理农村环境污染和生产生活中的常见法律问题，关于这些问题的讨论对防范和化解重大风险、加强和创新基层社会治理具有重大的现实意义，也是助推乡村振兴战略全面实施，实现群众安居乐业、社会井然有序、国家长治久安的重要法治保障。

为深入贯彻最高人民法院《关于为全面推进乡村振兴 加快农业农村现代化提供司法服务和保障的意见》，打通广大农村干部群众“知法、懂法、用法”的“最后一公里”，我们把驻村帮扶工作作为人民法院服务保障乡村振兴战略的前沿阵地，并充分发挥司法专业优势，根据相关法律法规和政策文件，结合农业农村工作实际，编纂本书。我们希望借此机会深入开展农业农村法治宣传教育，推动法律知识进村入户，消除乡村“法律盲区”，让法律在乡村家喻户晓、有效实施，让依法决策、依法治理成为乡村干部的习惯和自觉，积极引导农民群众依法维权和化解矛盾纠纷，维护农村和谐稳定，培育办事依法、遇事找法、解决问题用法、化解矛盾靠法的乡村法治环境，从源头上预防、减少矛盾问题的发生，尽最大努力做到“小事不出村、大事不出镇、矛盾不上交”。

我们相信，积极开展法治宣传、普及法律知识，有助于探索新时代基层社会治理新模式，有利于发挥审判职能作用服务保障乡村振兴战略，最大限度推动法院工作和乡村振兴同频共振、深度融合，助推乡村治理体系和治理能力现代化。

由于时间、精力和水平有限，书中的建议和处理方法难免有疏漏和不足之处，请予指正。也谨以此书献给所有关心、支持和投身乡村振兴伟大事业的人们。

天津市第一中级人民法院院长、党组书记　张勇

2022 年 7 月 1 日

目　录

·第一编　乡村振兴中的法律风险防范·

第一编

乡村振兴中的法律风险防范

第一章　依法治村民主管理中的法律风险防范

中共中央、国务院《关于实施乡村振兴战略的意见》和《乡村振兴战略规划（2018—2022 年）》明确提出建设法治乡村的重大任务。中共中央办公厅、国务院办公厅《关于加强和改进乡村治理的指导意见》对法治乡村建设提出明确要求。因此，推进乡村依法治理，坚持用法治思维引领乡村治理，严格依照法律法规和村规民约规范乡村干部群众的行为，让依法决策、依法办事成为习惯和自觉，具有十分重要的意义。此外，我们也应当看到，一些地方村党支部委员会、村民委员会（以下简称村“两委”班子）成员中不同程度地存在综合素质不高、履职能力不强、联系服务群众不够紧密，甚至发生违反民主程序进行决策、损害集体利益的情况，还有一些地方村党组织作用发挥不足，村级事务管理不够公开、不够及时，村民委员会软弱涣散。为更好地推进法治乡村建设，坚持和加强党对法治乡村建设的领导，坚持人民群众在法治乡村建设中的主体地位，本章就依法治村民主管理过程中存在的相关法律风险进行分析并提出若干防范措施。

第一节 依法治村民主管理概述

● 问题1 法治乡村建设的基本原则是什么?

法治乡村建设的基本原则包括:

(1)坚持党的领导。坚持和加强党对法治乡村建设的领导,坚持农村基层党组织领导地位,加强农村基层党组织建设,充分发挥农村基层党组织的战斗堡垒作用和党员先锋模范作用,确保法治乡村建设始终沿着正确方向发展。

(2)坚持以人民为中心。坚持人民群众在法治乡村建设中的主体地位,做到法治乡村建设为了群众、依靠群众,过程群众参与、效果群众评判、成果群众共享,切实增强人民群众的获得感、幸福感、安全感。

(3)坚持法治与自治、德治相结合。以自治增活力、法治强保障、德治扬正气,促进法治与自治、德治相辅相成、相得益彰。

(4)坚持从实际出发。根据乡村自然环境、经济状况、人口结构、风土人情等不同情况,因地制宜开展法治乡村建设,勇于探索创新,注重工作实效。

● 问题2 农村基层党组织的主要职责是什么?

村党组织是党在农村的基层组织,是党在农村全部工作和战斗力的基础,全面领导村的各类组织和各项工作。必须坚持党的农村基层组织领导地位不动摇，建立以基层党组织为领导、村民自治组织和村务监督组织为基础、集体经济组织和农民合作组织为纽带、其他经济社会组织为补充的村级组织体系。农村基层党组织的主要职责是：

（1）宣传和贯彻执行党的路线方针政策和党中央、上级党组织及本村党员大会（党员代表大会）的决议。

（2）讨论和决定本村经济建设、政治建设、文化建设、社会建设、生态文明建设和党的建设以及乡村振兴中的重要问题并及时向乡镇党委报告。需由村民委员会提请村民会议、村民代表会议决定的事情或者集体经济组织决定的重要事项，经村党组织研究讨论后，由村民会议、村民代表会议或者集体经济组织依照法律和有关规定作出决定。

（3）领导和推进村级民主选举、民主决策、民主管理、民主监督，推进农村基层协商，支持和保障村民依法开展自治活动。领导村民委员会以及村务监督委员会、村集体经济组织、群团组织和其他经济组织、社会组织，加强指导和规范，支持和保证这些组织依照国家法律法规以及各自章程履行职责。村党组织书记应当通过法定程序担任村民委员会主任和村级集体经济组织、合作经济组织负责人，村“两委”班子成员应当交叉任职。村务监督委员会主任一般由党员担任，可以由非村民委员会成员的村党组织班子成员兼任。村民委员会成员、村民代表中党员应当占一定比例。健全村级重要事项、重大问题由村党组织研究讨论机制，全面落实“四议两公开”[①]。

（4）加强村党组织自身建设，严格组织生活，对党员进行教育、管理、监督和服务。负责对要求入党的积极分子进行教育和培养，做好发展党员工作。维护和执行党的纪律。加强对村、组干部和经济组织、社会组织负责人的教育、管理和监督，培养村级后备力量。做好本村招才引智等工作。

（5）组织群众、宣传群众、凝聚群众、服务群众，经常听取群众的批评和意见，维护群众正当权利和利益，加强对群众的教育引导，做好群众思想政治工作。

（6）领导本村的社会治理，做好本村的社会主义精神文明建设、法治宣传教育、社会治安综合治理、生态环保、美丽村庄建设、民生保障、乡村振兴、民族宗教等工作。

问题3　村民委员会的主要职责是什么？

村民委员会是村民自我管理、自我教育、自我服务的基层群众性自治组织，实行民主选举、民主决策、民主管理、民主监督。下列事项，由村民委员会提出方案，经村党支部讨论通过后，依法提交村民会议或村民代表会议讨论决定，并按村务公开、民主管理制度的要求予以公开，接受群众监督：

（1）召集村民会议和村民代表会议，执行村民会议和村民

---

① “四议两公开”是指村党组织领导下对村级事务进行民主决策的一套基本工作程序，是基层在实践中探索创造的一个行之有效的工作方法。“四议”是指村党支部会提议、村“两委”会商议、党员大会审议、村民代表会议或村民会议决议；“两公开”是指决议公开、实施结果公开。

代表会议的决定、决议。

（2）依照法律的规定，管理本村属于村农民集体所有的土地和其他财产，编制并实施本村经济和社会发展规划及年度计划，教育村民爱护公共财产和设施，珍惜土地，合理开发利用自然资源，保护和改善生态环境。

（3）尊重、支持集体经济组织和其他经济组织依法独立进行经济活动的自主权，维护以家庭承包经营为基础、统分结合的双层经营体制，保障集体经济组织和村民、承包经营户、联户或者合伙的合法财产权和其他合法利益。

（4）支持和组织村民发展各种形式的合作经济和其他经济，承担本村生产的服务和协调工作，促进本村生产建设和经济发展。

（5）按照村庄规划的要求，组织开展农村生产、生活服务设施建设，引导村民合理建设住宅，整顿村容村貌，搞好公共卫生，改善居住环境。

（6）加强农村社会管理，促进村民团结和家庭和睦，教育村民尊老爱幼、扶贫帮困，照顾五保户、低保户、军烈属和残疾人；多民族村民居住的村和有非本村户籍公民居住的村，应当教育和引导村民加强团结，互相帮助、互相尊重。

（7）依法调解民间纠纷，代表本村处理与邻村的纠纷，维护村与村之间的团结；协调处理村民小组之间的关系；协助有关部门维护社会治安和生产生活秩序；协助有关部门对社区矫正人员和刑满释放人员进行教育、帮助和监督。

（8）促进农村公共服务，发展公益事业，完善公共服务设施，支持服务性、公益性、互助性社会组织依法开展活动。

（9）发展文化教育，普及科技知识，开展多种形式的精神文明活动，完善村级文化设施的综合服务功能，提高村民思想道德素质和科学文化水平，移风易俗，树立社会主义新风尚。

（10）宣传贯彻宪法、法律、法规和国家政策，教育村民依法履行纳税、服兵役、义务教育、计划生育等义务，贯彻落实男女平等基本国策，遵守村民自治章程和村规民约。

（11）管理本村财务、政府拨款和捐赠资金，建立健全民主理财制度，在银行开设基本账户，定期向村民会议或者村民代表会议报告财务收支情况，并报乡镇人民政府备案。

（12）协助有关部门开展农村富余劳动力转移就业培训。

（13）支持和组织村民参加新型农村合作医疗及农村养老保险。

（14）依法维护异地务工人员的就业、经商、居住等权利以及依法享有的公共服务权利和参与基层管理的权利。

问题4　村民会议可以行使哪些职权？

村民会议的职权包括：

（1）制定和修改本村村民自治章程、村规民约，并报镇（乡、民族乡）人民政府备案审查；

（2）依法选举、罢免和补选村民委员会成员，审议决定村民委员会成员的辞职请求；

（3）听取、审查和批准村民委员会的工作报告、财务收支计划和执行情况报告，审议决定本村建设规划、经济和社会发展规划及年度计划；

（4）审议决定本村集体经济项目的立项、承包方案，决定村集体经济所得收益的使用；

（5）审议决定本村公益事业的兴办和筹资筹劳方案及建设承包方案；

（6）审议决定集体所有土地的征收征用以及各项补偿费的使用和宅基地的分配方案；

（7）决定聘用或者辞退本村财会人员和其他村务管理人员，决定本村聘用人员和享受补贴人员的报酬标准；

（8）审议村民委员会主要负责人任期经济责任审计报告，听取村务监督委员会工作报告，评议村民委员会成员的工作；

（9）撤销或者变更村民代表会议、村民委员会、村民小组会议不适当的决议、决定；

（10）审议决定村民会议认为应当由其决定的涉及村民利益的其他事项。

• 问题5　村务监督委员会的主要职责是什么?

村务监督委员会的主要职责包括：

（1）监督农村经济社会事务民主决策。村务监督委员会成员列席村务和经济事务各类会议、农村基层组织联席会议、村民小组会议、农村公共服务机构有关会议等，主要监督村务按照“四议两公开”工作法、班子联席会议、党群联席会议等规定程序进行决策的情况，及时发现违反决策程序的行为。

（2）监督农村集体资金、资产、资源（以下简称“三资”）

管理。加强村级“三资”监督，监督制定集体财务计划和各项财务管理制度，对村级财务事项按月或者按季度进行审查。未经村务监督委员会审核的票据不得入账；对有争议的票据，村务监督委员会可提请村民会议或者村民代表会议讨论决定。全程监督行政村一级的集体“三资”运作情况，对村民小组一级的集体“三资”运作进行监督。监督农村公共服务机构运作，特别是加强对耕地保护、土地流转工作的监督。配合乡镇按规定组织会审、检查农村集体“三资”及相关经济活动事项，参与乡镇对村级组织成员任期和离任经济责任审计。

（3）监督村务公开制度落实。对村务公开的事项、内容、时间、程序和形式进行民主监督，重点是监督村级财务收支公开制度执行情况。经审查符合要求的，村务监督委员会 2/3 以上成员在公开内容上签名确认。对公开事项存有异议的，村务监督委员会应当及时向村民委员会或者村集体经济组织提出，村民委员会或者村集体经济组织应当在 10 日内予以答复和处理。

（4）监督农村工程项目实施。加强村级工程项目建设的监督，对村、组两级工程项目从立项、招投标、建设施工、质量验收到资金预决算以及支付等进行全过程监督。对项目实施中发现的问题，村务监督委员会应当及时向村党组织、村民委员会、村集体经济组织或者村民小组反映，并督促和协助抓好整改，必要时，向乡镇党委、人民政府反映。

（5）监督村民委员会成员、村集体经济组织相关负责人、村民小组长和由村民或者村集体等承担误工补贴人员廉洁履职。督促村民委员会成员、村集体经济组织相关负责人、农村公共服务机构人员和由村民或者村集体承担误工补贴人员认真履行工作职责，发现上述人员有违纪违规行为的，村务监督委员会应当及时向村党组织、乡镇党委、人民政府反映，并协助调查。参与对村民委员会成员、村集体经济组织相关负责人和由村民或者村集体等承担误工补贴人员年终考核考评工作，在乡镇党委、人民政府的组织、指导、监督下，在村民会议或者村民代表会议上主持对上述人员公开进行民主评议。

（6）维护村民监督权益。保持与村民的密切联系，广泛听取并收集、整理村民的意见建议，及时向农村基层组织反映村民对村务和经济事务管理的意见和建议，保障村民对村务的质疑、建议、反映和举报等监督权利。加强惠农强农政策措施落实监督，对支农资金物资使用、农村基础设施和公共服务建设、确定农村危房改造补助对象等进行监督。

问题6　村民民主理财小组的主要职责是什么?

村民民主理财小组的主要职责包括：

（1）负责对本村集体财务活动进行民主理财、民主监督。

（2）审查村集体财务管理制度和财务流程。

（3）审查、补充、完善村民委员会提出的财务公开具体方案。

（4）审查财务公开各项内容是否全面、真实，公开时间、程序是否及时、规范，并及时向村民会议或村民代表会议报告民主理财、监督情况。

（5）经常与村民代表和群众保持联系，及时征求和反映群众对村财务管理和公开活动的意见、投诉，组织调查、核实，提出意见和建议，负责对村民就村集体财务工作进行解释。

（6）协助上级管理部门对本村集体财务活动进行审计。

第二节 依法治村民主管理中的法律风险

- **问题1 村民委员会在村务民主决策中存在哪些法律风险？**

风险分析：

（1）在村民自治章程、村规民约的修订中，村经济和社会发展规划、村庄建设规划的制订中，未严格履行民主决策程序，擅自决策和实施的；

（2）涉及与村民利益密切相关的工程项目、企业、土地、山林、农田、水利设施等进行承包、出让、租赁，未经村民代表会议或村民会议等民主形式讨论通过，造成较大损失，或者擅自用集体财产为他人提供担保，损害集体利益的；

（3）在村集体经济项目和工程建设项目立项及承发包、物资和服务采购管理等活动中违反相关规定，为本人或者他人牟取不正当利益或造成不良影响的；

（4）不顾本村现有财力和经济社会发展实际情况，未按规定程序操作，不向乡镇党委、人民政府报告，擅自投资兴建各种项目，造成较大损失或引发群体性事件的；

（5）违法违规发包集体土地、调整收回农民承包土地、强迫或者阻碍村民流转土地承包经营权，非法转让或出租集体土地、擅自改变土地使用现状，或者违反规定强制调整农民宅基地的；

（6）违背村民意愿超范围、超标准向村民筹资筹劳，加重村民负担，或者向村民乱集资、乱摊派、乱收费的；

（7）违反规定确定本村享受误工补贴的人员及标准的。

防范指引：

（1）《民法典》第101条规定，村民委员会具有基层群众性自治组织法人资格，可以从事为履行职能所需要的民事活动。未设立村集体经济组织的，村民委员会可以依法代行村集体经济组织的职能。村民委员会实施的民事行为，以村集体资产承担责任。因此，村民委员会代表村集体对外签订经济合同、对外借款、对外担保等，可能导致集体资产因所欠债务被查封、扣押和冻结。

（2）《民法典》第157条规定，民事法律行为无效、被撤销或者确定不发生效力后，行为人因该行为取得的财产，应当予以返还；不能返还或者没有必要返还的，应当折价补偿。有过错的一方应当赔偿对方由此所受到的损失；各方都有过错的，应当各自承担相应的责任。

（3）村民委员会应当发扬民主，依法办事，实行少数服从多数的民主决策机制和公开透明的工作原则，建立健全各项工作制度。村民委员会应当全面落实“四议两公开”制度，即村级重要事项、重大问题由村党组织提议、村“两委”商议、党员大会审议、村民会议或村民代表会议决议，决议内容和实施结果公开。新一届村民委员会选举产生后，要及时召集村民会议，提出向村民代表会议授权的范围和事项，未经授权或者不符合规定程序的，村民代表会议所作决定无效。

（4）涉及集体经济收益分配的事项，由村民会议讨论决定后方可办理。召开村民会议，应当有本村 18 周岁以上村民的过半数或者本村 2/3 以上的户代表参加，村民会议所作决定应当经到会人员的过半数通过。

（5）村民会议或者村民代表会议决定的事项应当符合国家法律法规，不得损害国家、集体利益，不得侵犯村民人身权利、民主权利和合法财产权利。

问题 2　村民委员会在村务民主管理和服务群众中存在哪些法律风险？

风险分析：

（1）以虚报、冒领等手段套取、骗取或者截留、私分国家对集体土地的补偿、补助费以及各项强农惠农补助资金、项目扶持资金的；

（2）在政府拨付和接受社会捐赠的各类救灾救助、补贴补助资金、物资以及退耕还林款物、征地补偿费使用分配发放等方面违规操作、挪用、侵占，或者弄虚作假、为本人或他人牟取不正当利益的；

（3）在土地承包、计划生育、社会保障、建房审批、征兵、户籍、出具证明等管理或服务工作中，违规操作，吃拿卡要，故意刁难或违规向村民和企业收受、索取财物的；

（4）滥发津补贴或用集体资金支付应由个人负担费用的，

以办理村公务为名用集体资金搞各种形式的宴请送礼、大吃大喝、进行娱乐活动等，或者以参观、学习、考察为名变相用集体资金旅游的；

（5）未经批准借用村集体款物或者经批准借用村集体款物但逾期不还，或违规以村集体名义为其他单位和个人借款提供担保的；

（6）在村务管理中，以权谋私，收受他人好处，或暗箱操作，显失公平，为亲友谋取利益的；

（7）违反财务管理制度，无据收（付）款，不按审批程序报销发票，隐瞒、截留、坐支集体收入的；

（8）不按照规定实行民主理财，或者伪造、变造、隐匿、销毁财务会计资料的；

（9）对符合农村“五保”供养条件的村民不予批准享受农村“五保”供养待遇的，或者对不符合农村“五保”供养条件的村民批准其享受农村“五保”供养待遇的。

防范指引：

（1）《村民委员会组织法》第36条规定：“村民委员会或者村民委员会成员作出的决定侵害村民合法权益的，受侵害的村民可以申请人民法院予以撤销，责任人依法承担法律责任。村民委员会不依照法律、法规的规定履行法定义务的，由乡、民族乡、镇的人民政府责令改正。乡、民族乡、镇的人民政府干预依法属于村民自治范围事项的，由上一级人民政府责令改正。”

（2）根据《村民委员会组织法》的规定，需经村民会议讨论或村民代表会议决定方可办理的涉及村民利益的事项，未经该法定程序的，即为无效。

（3）健全党务、村务、财务公开制度，设有“三务”公开栏。党务、村务、财务一般事项至少每季度公布一次；集体财务往来较多的，财务收支情况应当每月公布一次；涉及村民利益的重大事项应当及时公布。

（4）村民委员会成员应当接受村民会议或者村民代表会议对其履行职责情况的民主评议。民主评议每年至少进行一次，由村务监督机构主持。

（5）对于村“两委”班子成员不当履职，造成村集体资产损失或流失的，对相关人员给予党纪和政纪处分，对于存在故意或重大过失构成犯罪的，依法追究刑事责任。

（6）村民委员会协助乡、民族乡、镇人民政府开展农村“五保”供养工作。村民委员会组成人员贪污、挪用、截留农村“五保”供养款物的，依法予以罢免；构成犯罪的，依法追究刑事责任。

● 问题3　村民委员会在村级事务民主监督中存在哪些法律风险?

风险分析：

（1）干扰、影响、阻挠村务监督委员会正常履行监督职责的；对村务监督委员会提出的正确意见敷衍塞责，不整改或整改不力的。

（2）阻挠、干扰村民依法行使询问、质询、罢免等监督权利的。

（3）不按规定实行民主理财，干扰、阻碍村级财务审计、工程审计的。

（4）违反民主评议规定，未定期向村民代表（党员）会议报告工作，或有意规避民主评议工作的。

防范指引：

（1）建立权责明晰、衔接配套、运转有效的村级民主监督机制，村民委员会要自觉接受村民和村务监督委员会的监督，支持村务监督委员会依法履行监督职责。

（2）规范民主评议，进一步明确民主评议的对象和内容、形式和程序以及民主评议结果的运用。民主评议每年至少进行一次，村民委员会成员连续两次被评为不称职的，终止其职务。

（3）村民委员会成员要按照县级农业、财政等部门的统一部署安排，主动接受审计。因任期届满、被罢免、职务终止等原因离任的村民委员会成员，未经审计，不得解除任职期间的经济责任。

● 问题4　村民委员会在村务公开过程中存在哪些法律风险?

风险分析：

（1）不按规定落实党务、村务、财务公开制度，或不及时公开上级要求公开的事项，造成不良后果的；

（2）不认真贯彻落实上级关于村务公开工作部署的；

（3）不按照规定的时间、程序和内容开展公开工作的；

（4）不按村务公开工作要求，搞半公开、虚假公开或隐匿应当公开的信息的；

（5）弄虚作假，应付监督、检查的；

（6）不按照制度规定保存公开档案资料的；

（7）在村务公开工作中解释村民质询、疑惑不力，造成大量群众上访，影响社会稳定的；

（8）阻碍、压制监督、投诉的；

（9）对检举、监督人员打击报复的；

（10）公开工作不落实，引发群体性事件或产生其他严重后果的。

防范指引：

（1）村民委员会应当保证村务公开事项全面、准确、真实，并接受村民查询。村民委员会不及时公开应当公布的事项或者公布的事项不真实的，村民有权向镇（乡、民族乡）人民政府或者县级有关主管部门反映，有关人民政府或者主管部门应当负责调查核实，责令依法公布；经查证确有违法行为的，有关人员应当依法承担责任。

（2）完善党务、村务、财务“三公开”制度，实现公开经常化、制度化和规范化。

（3）在涉及本村村民利益、村民普遍关心的事项中，一般事项至少每季度公布一次；集体财务往来较多的，财务收支情况应当每月公布一次；涉及村民利益的重大事项应当随时公布。

问题5　村民委员会成员任期和离任经济责任审计不规范，存在哪些法律风险？

风险分析：

如村民委员会成员任期和离任经济责任审计不规范，可能导致本村财务收支情况，本村债权债务情况，政府拨付和接受社会捐赠的资金、物资管理使用情况，本村生产经营和建设项目的发包管理以及公益事业建设项目招标投标情况，本村资金管理使用以及本村集体资产、资源的承包、租赁、担保、出让情况，征地补偿费的使用、分配情况等不够清晰、被非法占用、挪用、任意浪费、流失等问题。

防范指引：

（1）明确经济责任审计的对象和主体。行使村集体及村民委员会财务审批权的人员，参与村级经济活动决策的村民委员会成员，都要接受任期和离任经济责任审计。审计主要包括下列事项：

①集体资产的管理使用；

②财务预算、决算和收支；

③集体的债权债务；

④救灾救济款物、扶贫资金和接受社会捐赠财物的使用；

⑤政府发放到村到户的各项补贴和物资；

⑥兴办公益事业的筹资筹劳；

⑦生产经营和建设项目的发包管理；

⑧集体土地征收、征用及集体企业改制；

⑨农村低保和医疗救助；

⑩村民要求审计的其他事项。

（2）规范经济责任审计的程序。实施经济责任审计时，审计机构应当召开主要审计工作人员，村党组织、村民委员会和村务监督机构成员代表参加的会议，安排审计工作的有关事项，并向全体村民公布审计方案。本村1/5以上的村民要求进行经济责任审计的，应当及时安排审计，并有提出要求的村民推选出的代表参加。因辞职、罢免、职务终止等原因任期未满离任的，审计结果在离任后一个月内公布。村民对审计结果有异议的，应当通过村务监督机构要求审计单位作出解释说明。经济责任审计的报告和结果应当报送乡镇党委、人民政府备案。

（3）严肃审计责任追究。对审计对象存在违反有关法律法规的行为，应当给予处理处罚的，由审计机关在法定职权范围内作出审计决定。依据审计决定，村务监督机构对有侵占集体“三资”等情况的，要责令有关人员如数退赔。因任期届满、罢免、职务终止等原因离任的村民委员会成员，未经审计，不得解除任职期间的经济责任。

● 问题6　村民委员会成员在村级换届选举过程中存在哪些法律风险？

风险分析：

（1）未经法定程序推选选举机构或者任意指定、委派、撤换选举机构成员的；

（2）错登、重登、漏登选民或者未认真审查选民资格，利用职权随意取消选民资格的；

（3）未经规定程序提名、公布、确定或者调整、变更村级组织候选人的；

（4）在选票印制、保管、清点、收发、认定过程中违规操作的；

（5）在组织投票选举过程中，未按规定设立秘密写票处、公共代写处等，违规使用流动票箱、未及时封存票箱等，致使选举现场秩序混乱，给村级组织换届选举工作造成了损失或者不良影响的；

（6）存在伪造选举文件、虚报选举票数、篡改选举结果等弄虚作假行为的；

（7）采用非法手段，强迫选民按照组织者意图写票，妨碍选民依法行使选举权和被选举权的；

（8）参与或者指使他人以暴力、威胁、欺骗、贿赂等违法手段破坏选举的；

（9）无正当理由不服从上级统一安排，致使村级组织换届选举工作延期或选举无法正常开展的；

（10）放任候选人治村设想或竞职承诺内容与宪法、法律、法规和国家政策相抵触或对竞争对手进行人身攻击的。

防范指引：

（1）候选人不具备选民资格、选举程序不合法将导致当选无效；以暴力、威胁、欺骗、贿赂、伪造选票、虚报选举票数等不正当手段当选村民委员会成员的，由区、县人民政府主管部门或者乡、民族乡、镇人民政府宣布其当选无效；违反《治安管理处罚法》的，由公安机关依法处理；构成犯罪的，依法追究刑事责任。

（2）村民选举委员会不主持工作移交或者上一届村民委员会不办理移交手续的，由乡、民族乡、镇人民政府责令改正；造成村集体财产损失的，依法承担赔偿责任；违反《治安管理处罚法》的，由公安机关依法处理。

（3）《治安管理处罚法》第23条规定，破坏依法进行的选举秩序的，处警告或者200元以下罚款；情节较重的，处5日以上10日以下拘留，可以并处500元以下罚款。对首要分子处10日以上15日以下拘留，可以并处1000元以下罚款。

（4）《刑法》第256条规定，在选举各级人民代表大会代表和国家机关领导人员时，以暴力、威胁、欺骗、贿赂、伪造选举文件、虚报选举票数等手段破坏选举或者妨害选民和代表自由行使选举权和被选举权，情节严重的，处3年以下有期徒刑、拘役或者剥夺政治权利。

● 问题7　村民委员会在村民“一事一议”筹资筹劳过程中存在哪些法律风险？

风险分析：

（1）擅自立项或者提高标准向村民筹资筹劳，或者以“一事一议”为名设立固定的筹资筹劳项目。县级以上人民政府农民负担监督管理部门应当提出限期改正意见；情节严重的，应当向监察机关提出对直接负责的主管人员和其他直接责任人员给予处分的建议；对于村民委员会成员，由处理机关提请村民会议依法罢免或者作出其他处理。

（2）强行向村民筹资或者以资代劳的，县级以上地方人民政府农民负担监督管理部门应当责令其限期将收取的资金如数退还村民，并对相关责任人提出处理建议。

（3）强制村民出劳的，县级以上地方人民政府农民负担监督管理部门应当责令其限期改正，按照当地以资代劳工价标准，付给村民相应的报酬，并对相关责任人提出处理建议。

（4）筹集的资金未单独设立账户、单独核算、专款专用。

防范指引：

（1）筹资筹劳的适用范围：村内农田水利基本建设、道路修建、植树造林、农业综合开发有关的土地治理项目和村民认为需要兴办的集体生产生活等其他公益事业项目。

对符合当地农田水利建设规划，政府给予补贴资金支持的相邻村共同直接受益的小型农田水利设施项目，先以村级为基础议事，涉及的村所有议事通过后，报经县级人民政府农民负担监督管理部门审核同意，可纳入筹资筹劳的范围。

属于明确规定由各级财政支出的项目，以及偿还债务、企业亏损、村务管理等所需费用和劳务，不得列入筹资筹劳的范围。

（2）需要村民出资出劳的项目、数额及减免等事项，应当经村民会议讨论通过，或者经村民会议授权由村民代表会议讨论通过。

（3）村民应当执行经民主程序讨论通过并经县级人民政府农民负担监督管理部门审核的筹资筹劳方案。对无正当理由不承担筹资筹劳的村民，村民委员会应当说服教育，也可以按照村民会议通过的符合法律法规的村民自治章程、村规民约处理。

（4）村民民主理财小组负责对筹资筹劳情况实行事前、事中、事后全程监督。筹资筹劳的管理使用情况经民主理财小组审核后，定期张榜公布，接受村民监督。

问题8　村民委员会成员在日常工作中存在哪些法律风险？

风险分析：

（1）参与、纵容、支持黑恶势力活动，组织、参与宗族宗派纷争或者聚众闹事，参与色情、赌博、吸毒、迷信、邪教等活动或者为其提供便利条件的；

（2）违反计划生育政策或者纵容、支持他人违反计划生育政策的；

（3）参与、纵容、庇护单位或个人违法用地、违法建设和污染环境的，干扰、抗拒或煽动他人干扰、抗拒有关部门依法执行公务的；

（4）组织、煽动、参与群众集体上访，或对应当预见并报告的群体性上访置之不理的；

（5）回避矛盾和问题，对群众反映强烈的问题久拖不决或处置不当，导致集体上访、越级闹访、非正常上访的；

（6）不及时处置或上报村内重大突发事件、刑事案件、邪教活动和安全事故等，或对本村村民违纪违法行为知情不报的；

（7）在办理有关党务、村务过程中，违反村级档案、票据、印鉴、合同、会议记录等管理制度的。

防范指引：

（1）严厉打击农村黑恶势力及其“保护伞”、邪教组织，坚决把受过刑事处罚、存在村霸和涉黑涉恶涉邪教等问题的人清理出村干部队伍。

（2）完善群众参与基层社会治理的制度化渠道，健全充满活力的群众自治制度，引导村民在村党组织的领导下依法制定和完善村民自治章程、村规民约等自治制度。村规民约应当以社会主义核心价值观为引领，规范村民日常行为、维护公共秩序、保障群众权益、调解民间纠纷、引导民风民俗等，并可以对尊老爱幼、垃圾分类、村容村貌管理、餐饮消费和公共设施维护等内容提出约束要求和违约惩戒措施。

（3）开展形式多样的村级议事协商，探索村民小组协商和管理的有效方式，组织村民就村公共事务、重大民生问题开展民主协商。

（4）大力开展农村基层微腐败整治，推进农村巡察工作，严厉整治惠农补贴、集体资产管理、土地征收等领域侵害农民利益的不正之风和腐败问题，依法依纪惩处发生在群众身边的腐败问题。

（5）完善乡村公共法律服务，实施农村“法律明白人”培养工程，重点培育一批以村“两委”班子成员、人民调解员、网格员、村民小组长等为重点的“法治带头人”。

（6）完善社会矛盾多元预防调处化解综合机制和基层人民调解组织网络，加强农村警务建设，大力推行“一村一辅警”机制，扎实开展智慧农村警务建设。

（7）乡镇人民政府、街道办事处应当指导村民委员会组织发动村民参与群防群治，开展社会治安巡防、安全隐患排查、矛盾纠纷化解、平安宣传等工作。

（8）村民委员会应当建立印章使用的审批、登记、备案、移交制度。印章应当由专人保管，保管人由村民委员会提名，并经村民代表会议讨论后确定。印章使用审批和印章保管应当分开，使用印章应当做好记录。涉及贷款、承包、对外签订合同等重大问题需要使用印章时，村民委员会应当及时召开村民会议或者村民代表会议，经讨论同意并经村民委员会主任签字后方可使用。对违反印章使用管理规定的，视情节轻重给予批评教育，违反法律的，依法追究法律责任。

• 问题9　村务监督委员会成员在履职过程中存在哪些法律风险？

风险分析：

（1）在村务重大决策、村务公开、村集体“三资”管理等村务工作的民主监督中，不履行或不正确履行职责，监督不到位或造成不良影响的；

（2）发现村干部违纪违规行为，不制止、不提出整改意见，或未及时向上级主管部门报告的；

（3）超越监督职权、假公济私或滥用监督权力的，直接干预、插手农村集体经济组织行使农村集体“三资”管理职权的；

（4）玩忽职守、严重失职，造成严重后果或者恶劣影响的。

防范指引：

（1）村务监督委员会及其成员应当支持和配合村民委员会、村集体经济组织、农村公共服务机构、村民小组正确履行工作职责，积极建言献策，帮助做好村民的思想工作，促进村工作健康发展。

（2）村务监督委员会每年至少向村民会议或者村民代表会议报告一次工作，接受村民会议或者村民代表会议对其履职情况的民主评议和监督；涉及村民切身利益的重大事项、重大决策和村民普遍关心的事项，应当及时报告。日常工作中，村务监督委员会成员应当与村民保持密切联系，广泛听取群众意见和建议，积极改进工作。

（3）村务监督委员会受到无理阻挠导致无法正常开展工作，或者其成员受到打击报复的，可以向乡镇党委和人民政府或者村党组织反映情况，乡镇党委和人民政府或者村党组织应当制止与纠正，保证、保障村务监督委员会及其成员正常工作。

（4）对不履行职责、不发挥作用的村务监督机构成员，可由村党组织予以批评教育，也可由村民会议或者村民代表会议予以罢免。

● 问题10　村级报账员在日常工作中存在哪些法律风险？

风险分析：

（1）未设置现金、银行存款日记账或记账混乱致使余额不清的，或未按规定设置资产资源登记簿或登记混乱致使资产资源权属不清的。

（2）不及时报账，或未按规定办理银行转账结算而采用大额现金支付的。

（3）在报账时未将有关合同附在相关收支票据后的，经济合同、账本、统一收据、印鉴等会计资料保管不当致使毁损的。

（4）库存现金保管超限，或各种预领款、垫支款不及时结报导致库存现金超限的。

（5）违规公款私存、借支、暂支、坐支、白条抵库或截留、侵占、挪用集体资产，或者利用职务便利私自出借集体资金与账户或套取大额现金的。

（6）未按时到乡镇村级会计委托代理服务中心领取财务公开表及“三资”公开资料的，或未在驻村干部的监督下及时在村务公开栏中张贴的。

（7）拒绝、阻碍审计检查，不提供有关资料的，或未按规定办理财务交接手续的。

防范指引：

（1）财政补助资金、项目资金或其他单位和部门拨付的资金，不得使用现金结算，一律直接拨入乡镇村级委托代理服务中心银行专户。“一事一议”筹资及其他各项收入，由村报账员集中统一收取，及时、足额缴存代理中心银行专户。

（2）现金支付业务，要严格按照现金管理有关规定进行支付。例如，购买办公用品、支付用工费、车费等小额开支。

（3）村报账员要及时对按规定程序审批后的财务收支原始凭证及相关资料进行分类整理，连同财务收支原始凭证及相关资料交代理中心代理会计、审核人员审核。

（4）村各项收入必须全部纳入代理中心专户统一管理，实行收缴分离，不得坐收坐支、账外设账和私设小金库。严格实行“收支两条线”。

（5）严格执行现金收付手续，报账员要根据经审核无误的合法凭证办理现金收付，不准用不符合财务制度的凭证顶替现金，即不得“白条抵库”、不准谎报用途套取现金、不准“公款私存”、不准设置“小金库”。

（6）村级组织向农民收取“一事一议”筹资筹劳收入、共同生产费等，必须使用专用收款收据，不准私购和自制收款收据，严禁无据收款和白条入账。村级组织由村报账员专人保管票据，严格领、用、存和缴销手续，严禁转借转让，不得拆本使用。

（7）所有支出的原始凭证，应当注明用途，由经办人、证明人签字，并履行审核审批手续后方可报销入账。

（8）对村级财务实行“三审”会签制度，即民主理财小组审查签章、村财务主管领导审批报账和代理中心审核记账。

（9）对手续不完备、内容不清楚的票据，代理中心有权退回，经补办好手续后方可报账；对违反国家财经纪律、财政法规和会计制度规定的财务收支不得报账，情节严重的，依照有关规定追究当事人责任。

• 问题11　在换届选举期间，竞选人及其亲友有哪些行为会被认定为拉票贿选行为？

风险分析：

（1）向选举人赠送现金、存单、银行卡、消费卡、会员卡、有价证券、支付凭证、电子礼品、实物或通过发微信红包、支付宝转账等方式进行拉票的；

（2）为选举人提供吃请、旅游、休闲、健身、娱乐等消费活动进行拉票的；

（3）以慰问、帮扶等名义向选举人变相赠送财物进行拉票的；

（4）以交保证金形式，许诺当选后将保证金分发给选举人进行拉票的；

（5）以许诺当选后赞助村级组织或者群众团体活动经费、免除村民债务、给予选举人其他利益等进行拉票的；

（6）违反规定分发村集体资产、用集体资金或自有资金为选举人交纳各种费用进行拉票的；

（7）以提供交通费、食宿费、误工费等名义，诱导外出人员回乡为其投票或阻止为他人投票的；

（8）向其他竞选人送钱送物或者给予某种利益，让其退出选举的；

（9）以贿赂等手段诱使或者收买选举工作人员在选举中进行舞弊活动的。

防范指引：

（1）加强农村群众民主法治教育，提高农民的综合素质，增强广大群众的民主参与意识，不断提高依法办事能力。

（2）全面落实村“两委”换届候选人资格联审机制，乡镇对人选资格条件进行全面审查后，提出书面明确结论意见，报送上级政府进行审查，严格把关。对政治上的“两面人”，受过刑事处罚、存在“村霸”和涉黑涉恶等问题的人员，非法宗教的组织者、实施者、参与者等人员，坚决杜绝进入村“两委”班子。坚持和完善村“两委”成员近亲属回避制度。

（3）实行村“两委”换届选举全程纪实。发挥“一村一法律顾问”作用，引导党员群众依法依规参选。盯紧选民登记、候选人提名、投票选举等节点，通过设立选举监督委员会和邀请党员群众代表、人大代表、政协委员担任换届监督员等方式，加强换届工作监督。

（4）对选举中的违法违纪行为，村民有权向乡、镇的人民代表大会和人民政府或者县级人民代表大会常务委员会和人民政府及其有关主管部门举报，有关机关应当负责调查并依法处理。对参与或指使他人以暴力、威胁、欺骗、贿赂、伪造选票、虚报选举票数等违法手段参选的，一经发现即取消其参选资格，已经当选的，其当选无效；违反治安管理规定的，依法给予治安管理处罚；构成犯罪的，依法追究刑事责任。

第二章　农村集体“三资”管理中的法律风险防范

农村集体“三资”属于村（组）集体经济组织全体成员集体所有，是发展农村经济和实现农民共同富裕的重要物质基础。农村集体“三资”管理是农民群众十分关注的热点、难点问题，也是农村基层干部违纪违法问题多发领域。加强农村集体“三资”管理，有利于稳定和完善农村基本经营制度，维护集体经济组织和农民群众的合法权益；有利于盘活农村集体存量资产，增加农民财产性收入；有利于壮大农村集体经济实力，增强集体组织为农户服务的功能；对于解决农村集体财务管理存在的问题、激发农村集体发展活力、全面推进乡村振兴也具有重要意义。

第一节　农村集体“三资”管理概述

● 问题1　什么是农村集体经济组织？

农村集体经济组织，是指由人民公社时期的生产大队、生产队建制经过改革、改造、改组形成的合作经济组织，包括经济联合社、经济合作社和股份合作经济联合社、股份合作经济社等。农村集体经济组织在乡镇、村党组织的领导下，依法自主决定经营管理的重大事项，接受各级人民政府、村民委员会的监督。农村集体经济组织依法取得特别法人资格，享有经济活动自主权，鼓励实行股份合作制。集体资产运营以效益为中心，统筹兼顾分配与积累、当前利益与长远利益、集体经济组织利益与成员利益，促进集体资产保值增值。

● 问题 2　农村集体经济组织成员包括哪些人员？

农村集体经济组织应当依据有关法律、法规，按照尊重历史、兼顾现实、程序规范、群众认可的原则，统筹考虑户籍关系、土地承包关系、与集体经济组织利益关系等因素，在民主讨论的基础上，对本集体经济组织成员的身份进行确认。已经完成成员身份确认的，不再重新确认。农村集体经济组织成员身份确认具有唯一性，不得同时成为同一层级两个以上农村集体经济组织的成员。农村集体经济组织成员身份确认结果应当经乡（镇）人民政府或者街道办事处登记，报县级农业农村行政主管部门备案。下列农村居民一般应当确认为本集体经济组织成员：

（1）农村土地二轮承包时取得土地承包经营权，且户口一直在本集体经济组织所在村的人员；

（2）父母双方或者一方为本集体经济组织成员，且户口一直在本集体经济组织所在村的人员；

（3）因合法的婚姻、收养关系，户口迁入本集体经济组织所在村的人员；

（4）根据国家移民政策，户口迁入本集体经济组织所在村的人员；

（5）原户口在本集体经济组织所在村的现役义务兵，符合国家有关规定的士官，以及高等院校、中等职业技术学校的在校学生；

（6）原户口在本集体经济组织所在村的服刑人员；

（7）法律、法规、规章和章程规定的应当确认为集体经济组织成员的其他人员。

● 问题3 农村集体经济组织成员有哪些权利义务？

（1）农村集体经济组织成员享有下列权利：

①具有完全民事行为能力的成员享有选举权和被选举权；

②按照法律、法规和组织章程规定行使表决权；

③本集体经济组织集体资产收益分配权；

④监督本集体经济组织集体资产经营管理活动、提出意见和建议；

⑤查阅、复制本集体经济组织相关资料；

⑥参与本集体经济组织的生产经营和管理活动，优先在本集体经济组织就业以及参加社会保障的权利；

⑦接受本集体经济组织提供的公共服务、集体福利；

⑧法律、法规和组织章程规定的其他权利。

（2）农村集体经济组织成员应当履行下列义务：

①遵守本集体经济组织章程和各项规章制度，执行成员大会和理事会的决议；

②维护本集体经济组织合法权益；

③参与本集体经济组织公益服务活动；

④法律、法规和组织章程规定的其他义务。

● 问题4　什么是农村集体“三资”？

农村集体“三资”，是对农村集体经济组织所有的资金、资产、资源的简称。

（1）农村集体资金包括经营、发包、租赁、投资、资产处置等集体收入，上级转移支付资金以及补助、补偿资金，社会捐赠资金，兴办集体公益事业筹集资金，集体建设用地收益等。

（2）农村集体资产主要包括：

①农村集体经济组织投资、投劳以及国家支持农村集体经济组织投资形成的房屋、建筑物、机器、设备以及农田水利等农业基本建设设施，教育、科技、文化、卫生、体育、供水供电、交通、通信等公益性设施；

②农村集体经济组织兴办的企业股权及其权益，以及通过兼并、分立、有偿转让等方式形成的股权；

③农村集体经济组织在联营企业、股份制企业、股份合作制企业、合作经营企业和集资建设的项目中投资入股的，按照投资份额拥有的资产股权及其权益；

④农村集体经济组织所有的牲畜（禽）、林木等生物资产；

⑤农村集体经济组织所有的固定资产、库存物资等；

⑥农村集体经济组织拥有的专利权、商标等无形资产；

⑦农村集体经济组织接受捐赠、资助等形成的资产；

⑧依法属于农村集体经济组织所有的其他资产。

（3）农村集体经济组织资源是法律规定属于集体所有的耕地、林地、园地、草场、荒山、荒地、荒坡、荒滩、水面、建设用地等，属于农村集体经济组织成员共同所有。

● 问题5　农村集体“三资”管理的指导原则是什么？

农村集体“三资”管理要充分体现农民群众的主体地位，切实维护农民的权益。

（1）权属不变原则。农村集体“三资”属于农村集体经济组织全体成员所有，必须坚持“三资”集体所有权、使用权、监督权、处置权、收益权五权不变，充分保障集体经济组织成员对“三资”占有、使用、收益和分配的知情权、决策权、管理权、监督权。

（2）公开透明原则。农村集体“三资”必须定期向农村集体经济组织全体成员公开。农村集体经济组织对集体“三资”的管理、使用、处置和收益分配等事项作出决策时，必须按照“四议两公开”的程序规范操作，资产资源的承包、租赁、投资、转让及村级工程项目的招投标情况要及时向全体村民公示。

（3）成员受益原则。遵循“三资”管理的规律和特点，采取不同的经营模式和管理方式，提高经营管理水平，节本增效，确保“三资”的安全和保值增值。必须有利于促进农村承包土地经营权流转、农村集体林权制度改革等综合配套改革，让农民群众随着农村经济社会事业发展和集体经济壮大，得到更多实惠，实现利益共享。

问题6　农村集体“三资”管理主要包括哪些工作?

(1) 稳妥开展村集体经济组织成员身份确认。

以村为主体，依据有关法律法规，按照尊重历史、兼顾现实、程序规范、群众认可的原则，统筹考虑户籍关系、农村土地承包关系等因素，协调平衡各方利益，做好村集体经济组织成员身份确认工作，解决成员边界不清的问题，但该成员身份确认不作为追溯以前权利的依据。

建立村集体经济组织成员登记备案制度。各村集体经济组织建立成员登记簿，并在此基础上探索成员身份的取得、退出等管理办法。

(2) 全面开展村集体资产清产核资。

本着科学有效、群众认可的原则，把村集体的各类资产，包括集体土地、厂房门脸、对外投资、公益设施等，全面摸准、核实清楚，切实做到全覆盖、无遗漏。

对各类资源性资产，重点清查核实未承包到户的“机动地”“四荒地”和养殖水面、滩涂以及宅基地以外的集体建设用地等。对各类经营性资产，重点是要对归集体所有的厂房、商铺、设施、设备、车辆等进行分类甄别、全面清查，逐一建立管理台账。对各类非经营性资产，包括医疗、卫生、交通、水利等公益设施，都要在登记造册的基础上，进一步明确管护职责、健全管理机制。

按照资源性、经营性和非经营性三个类别建立管理台账，健全完善登记、保管、使用、处置等制度。清产核资结果要向全体村集体经济组织成员公示，并经成员大会或成员代表大会确认。

（3）深化完善农村集体资产确权。

把村集体经济组织成员集体对土地等资产的所有权和村集体经济组织成员的土地承包权、集体收益分配权以及经营主体的土地经营权，落实到不同层级、不同主体。

一是落实集体资产所有权。把村集体土地等资产的所有权确权到村集体经济组织成员集体，由村集体经济组织代表集体行使所有权。政府对村集体经济组织拨款、减免税费形成的资产归村集体经济组织所有。

二是落实集体资产收益分配权。股份经济合作社将以经营性净资产量化到集体经济组织成员，确权落实到户，建立股权登记簿，以户为单位进行管理并出具股权证书，作为其参加集体收益分配的基本依据。

三是落实土地承包权。有效运用农村土地承包经营权登记工作成果，探索农村土地承包关系长久不变和承包地有偿退出的具体办法，确保土地承包权长久稳定，维护农民的土地承包权益。

四是落实土地经营权。进一步健全规范承包土地的流转管理和服务，确保规范有序流转。充分依托农村产权流转交易市场和乡镇工作站，通过流转合同鉴证、交易鉴证等多种方式对土地经营权予以确认。

（4）保障农民集体资产股份权利。

组织实施好赋予农民对集体资产股份占有、收益、有偿退出及抵押、担保、继承权改革试点。建立集体资产股权登记制度，记载农村集体经济组织成员持有的集体资产股份信息，出具股权证书。健全集体收益分配制度，明确公积金、公益金提取比例，把农民集体资产股份收益分配权落到实处。探索农民对集体资产股份有偿退出的条件和程序，现阶段农民持有的集体资产股份有偿退出不得突破本集体经济组织的范围，可以在本集体内部转让或者由本集体赎回。有关部门要研究制定集体资产股份抵押、担保贷款办法，指导农村集体经济组织制定农民持有集体资产股份继承的办法。

（5）多种形式发展集体经济。

从实际出发探索发展集体经济有效途径。农村集体经济组织可以利用未承包到户的集体“四荒”（荒山、荒沟、荒丘、荒滩）地、果园、养殖水面等资源，集中开发或者通过公开招投标等方式发展现代农业项目；可以利用生态环境和人文历史等资源发展休闲农业和乡村旅游；可以在符合规划的前提下，探索利用闲置的各类房产设施、集体建设用地等，以自主开发、合资合作等方式发展相应产业。支持农村集体经济组织，为农户和各类农业经营主体提供产前、产中、产后农业生产性服务。鼓励整合利用集体积累资金、政府帮扶资金等，通过入股或者参股农业产业化龙头企业、村与村合作、村企联手共建、扶贫开发等多种形式发展集体经济。

（6）引导农村产权规范流转和交易。

鼓励地方特别是县乡依托集体资产监督管理、土地经营权流转管理等平台，建立符合农村实际需要的产权流转交易市场，开展农村承包土地经营权、集体林权、“四荒”地使用权、农业类知识产权、农村集体经营性资产出租等流转交易。农村产权流转交易市场既要发挥信息传递、价格发现、交易中介的基本功能，又要注意发挥贴近“三农”，为农户、农民合作社、农村集体经济组织等主体流转交易产权提供便利和制度保障的特殊功能。适应交易主体、目的和方式多样化的需求，不断拓展服务功能，逐步发展成集信息发布、产权交易、法律咨询、资产评估、抵押融资等为一体的为农服务综合平台。凡是法律、法规和政策没有限制的法人和自然人，均可以进入市场参与流转交易，具体准入条件按照相关法律、法规和政策执行。维护进城落户农民土地承包权、宅基地使用权、集体收益分配权，探索支持引导其依法自愿有偿转让上述权益的有效办法。

第二节　农村集体“三资”管理中的法律风险

- **问题1　在农村集体资金管理过程中存在哪些法律风险？**

风险分析：

（1）村集体经济组织及其成员违规开设银行账户，坐收坐支、设立账外账、小金库、公款私存，以及截留、侵占集体资金的，涉及侵占款物超过6万元的，构成职务侵占罪，判处5年以下有期徒刑或者拘役。超过100万元的，判处5年以上有期徒刑。

（2）不按规定进行村收益分配，村干部报酬、补贴、管理费、接待费、会议费等非生产性开支超过规定标准或违规发放福利、用农村集体资金支付应由个人负担费用，由乡、镇人民政府责令退赔；构成犯罪的，依法追究刑事责任。

（3）将村集体现金、存款擅自出借给他人使用或者提供经济担保的，涉及数额超过 10 万元，且超过 3 个月未归还，以挪用资金罪定罪，处 3 年以下有期徒刑或者拘役，涉及款项 1000 万元以上的，处 3 年以上 10 年以下有期徒刑。

（4）在政府拨付和接受社会捐赠的各类用于救灾、抢险、防汛、优抚、扶贫、移民等救济款物、补贴补助资金、物资以及退耕还林款物、征地补偿费使用分配发放等方面违规操作、挪用，或者弄虚作假、为本人或他人牟取不正当利益的，挪用数额超过 5000 元的，或者造成国家、人民群众损失数额 5 万元以上的，构成挪用特定款物罪，将被处以 3 年以下有期徒刑或者拘役；情节严重的，处 3 年至 7 年有期徒刑。

（5）违规以农村集体名义进行筹资、对外投资、债权减免、对外捐赠、对外借款，或者擅自以集体名义为他人提供担保或者进行折价入股、合作建设等经营，造成集体资产流失的，由乡、镇人民政府或者集体资产管理工作行政主管部门责令赔偿损失；构成犯罪的，依法追究刑事责任。

（6）未按规定审核原始凭证给予记账核算或对不规范原始凭证给予入账的，未按会计制度要求进行会计核算或因会计核算错误造成经济损失的；不设、私设会计账簿的；拒绝提供账簿、凭证等相关账目的；伪造变造会计账簿的；隐匿或者故意销毁会计凭证、账簿、会计报告的，应追究刑事责任，处 5 年以下有期徒刑或者拘役，并处或单处 2 万元以上 20 万元以下罚金。

防范指引：

（1）农村集体所有收入必须及时存入乡镇村级会计委托代

理服务中心基本账户，实行票款同行账款相符、账实相符。不得坐收坐支、公款私存，严禁资金不入账，搞“体外”循环。

（2）集体经济组织在收到属于集体资金来源收入时，必须开具规范的票据手续，加盖单位印章以及相关财务人员、收款人员印章，做到手续齐全，进行入账处理，杜绝“白条”抵库。

（3）严禁公款私存、私设小金库。票据管理要定期与开户银行核对账目，定期盘点库存现金，做到日清月结。

（4）规范财务管理，村级财务收支必须坚持“六有”原则：有正规发票，有经办人签字，有用途说明，有财务人员审查，有主管领导审批，大额支出应有村民理财小组的审核意见。杜绝违规操作，实现农村财务管理的规范化，统一账册，统一科目，统一账簿、单据、记账凭证和报表，设立现金日记账、总分类账和明细账。

（5）完善财务开支审批制度。财务开支必须取得符合规定的原始凭证，有经手人、证明人和审批人签名，同时注明开支用途。属于购入支出的，必须取得税务部门正规发票；属于劳务性支出的，必须取得由县级有关部门统一印制的规范凭证。所有财务开支在规定记账前都必须履行民主理财小组集体审核，审核同意后，由民主理财小组组长签字（盖章），报经主管财务的负责人审批同意并签字（盖章），由会计人员审核记账。财务流程完成后，要按照财务公开程序公开，接受全体成员监督。

（6）准确划分收入的性质和界限。不得将土地拆迁补偿费用、借入款项、预收款项、“一事一议”资金、上级拨付有特定用途的往来性质的专款等款项作为村级组织一般性收入进行核算，应作为村级组织专款专账核算，并依法公布收支情况并接受监督。

（7）加强村集体经济组织债权债务的管理。建立债权债务明细账，每年度核实清理村集体经济组织的债权债务，做到账账、账实相符，不准产生建设项目账外债务现象。

问题2　在农村集体资产管理过程中存在哪些法律风险？

风险分析：

（1）基建工程项目、大额集体资产购置、拍卖、转让、发包、租赁，以及应收款项、投资款项增减，未经民主决策先行实施或未经招投标管理的，可能会导致合同无效或者被撤销，应当由县级农业行政主管部门责令改正；造成经济损失的，应当依法予以赔偿，并可对直接责任人处以罚款。

（2）未按要求制订村经济合作社年度财务收支预算和年终财务决算，或验收及决算项目未经村集体讨论决定的，可能导致底数不清、管理不规范、产权交易监管不到位，容易为场外交易，暗箱操作，违规出租、发包、经营集体资产提供空间。

（3）未建立健全村经济合作社财务管理和民主监督制度的，处置、招投标结果未及时向群众公布的。

（4）将农村集体资产租赁或往外承包、抵押、联合经营，合作经营、入股企业时未经评估的，导致出现经济纠纷时无法确定损失，从而造成集体财产流失。

（5）无正当理由拒绝与农村产权交易人签订合同，或者擅自与交易人另行订立背离合同实质性内容协议的，需承担相应责任。对农村集体资产租赁类、经营类、承包类合同进行单方面解除的，需承担违约责任并赔偿损失。

（6）农村集体资产对外租赁签订合同时超出法定租赁最高期限20年的。依据《民法典》等法律法规的相关规定，租赁合同期限最高不得超过20年。超过20年的，超过部分无效。因合同无效形成的损失，依据当事人过错进行赔偿。

（7）对农村集体资产不按照类别建立固定资产台账，不及时记录资产增减变动情况，没有定期对资产进行清查的，容易造成集体资产流失或滋生腐败现象。

（8）对农村集体资产实行承包、租赁、出让、经营的，不对合同的履行情况进行监督检查，也不公开合同履行的情况，或对所收取的承包费、租赁费或者股份收益不纳入账内核算，无法及时掌握集体资产状况，存在集体资产损失的风险。

（9）擅自将农村集体自有资产抵账、抵债处理，可能因违反相关法律规定或者损害他人利益被撤销、认定无效，从而造成损失扩大。

防范指引：

（1）村集体投资项目的招标，由村民委员会提出招标方案，经村党支部讨论通过后，提交村民会议或村民代表会议讨论决定，再由村民委员会以公告形式向社会公布方案，并按规定时间开标。开标会由竞投者及村务管理人员、村民小组长、部分村民代表参加，开标结果应当场公布。

（2）集体经济组织全年财务（资金）预决算方案，必须坚持“实事求是、量入为出、以收定支、略有节余”的原则。在年初编制预算方案时，要按照民主程序形成决议，并做到张榜公布，报镇人民政府相关管理部门备案。年度终结时，集体经济组织应当及时进行决算，并将年度内预算方案执行情况和决算结果向全体成员公布和说明。

（3）集体经济组织应当定期向本集体经济组织成员公布“三资”运营情况，听取本集体经济组织成员对集体“三资”管理工作的意见和建议，接受全体成员的监督。村务公开监督小组或者民主理财小组应当对集体“三资”管理的事项进行监督，对其使用、维护和收益分配不当的提出整改意见。

（4）集体经济组织以招标投标方式承包、租赁、出让集体资产，以参股、联营、合作方式经营集体资产，集体经济组织实行产权制度改革、合并或者分设等，应当进行资产评估。评估由农村经营管理部门或具有资质的单位实施。评估结果要按权属关系，经集体经济组织成员的全体村民会议或村民代表会议确认。

（5）如因各种问题确实需要单方解除合同的，应首先与合同相对方平等协商变更或者解除合同。在协商无果的情况下，就合同解除方面收集证据，利用法定、诉讼程序合理解除。

（6）签订租赁合同时应不得超过20年最高期限，对有长期租赁经营需要的租户，可采取分段租赁、设置优先权的方式。

（7）对集体所有的房屋、建筑物、机器、设备、工具、器具和农业基本建设设施等固定资产，要按资产的类别建立固定资产台账，及时记录资产增减变动情况。对不按照要求对集体资产进行管理的人员，应由行政主管部门责令改正；造成损失的，应当追究行为人和责任人的相关责任；构成犯罪的，追究刑事责任。

（8）集体资产实行承包、租赁、出让经营的，要加强合同履行的监督检查，公开合同履行情况；收取的承包费和租赁金归集体经济组织所有，纳入账内核算，做到账实、账款相符。

（9）严格限制以物抵债。杜绝在债务履行期限届满前与债权人约定以物抵债。如确需对到期不能履行的债务以物抵债，或者以物抵债有利于保护集体利益的，应按照民主决策程序，经公示、评估等，在民主监督下进行，并登记备案入账。

问题3　在农村集体资源管理过程中存在哪些法律风险？

风险分析：

（1）村集体对外发包土地、池塘、山林等村集体资源经营权时不签订书面合同，或者签订书面合同时对合同内容约定不明，可能导致无法依据合同追究违法违约承包方的违约责任，使集体权益遭受重大损失。

（2）以家庭承包方式进行承包的，承包合同中约定了可随时解除、变更合同，或设立调整承包地、收回承包地等条款。设立有关条款的，该条款无效；给承包户造成损失的，应承担赔偿责任。

（3）村集体强迫承包方将土地承包经营权流转的，根据《农村土地承包法》第57条、最高人民法院《关于审理涉及农村土地承包纠纷案件适用法律问题的解释》第12条第1款之规定，该流转无效。侵害承包方土地承包经营权的责任人应当承担民事责任，对擅自截留、扣缴流转收益的行为应予查处并退还款项。乡村组织应将被强迫流转的承包地归还原承包农户，由其自主决定是否继续流转。

（4）依据自制的村规民约或惯例，擅自剥夺、侵害妇女的农村土地承包权益的，应由镇人民政府予以纠正。此类违法行为给妇女权益造成损失的，应当进行赔偿。

（5）在集体资金使用、集体经济项目和工程建设项目立项及发包活动中暗箱操作，为本人或他人谋取私利的，泄露农村集体资产交易相关保密情况或资料、恶意扰乱交易程序，或与他人串通损害农村集体利益的，违背强制性法律规定的，缔约合同无效；造成当事人损失的，应当承担赔偿责任。

（6）在管理农村资源的过程中，采取暴力、威胁或者违反规定中断供水、供热、供气、供电和道路通行等非法方式迫使被征收人拆迁，造成损失的，依法承担赔偿责任。直接负责的主管人员和其他直接责任人员，构成犯罪的，依法追究刑事责任；尚不构成犯罪的，依法给予处分；构成违反治安管理行为的，依法给予治安管理处罚。

（7）对农村集体资源以及实行承包、租赁经营的集体资源不进行逐项记录，不建立集体资源登记簿的。

（8）将集体建设用地收益用于发放干部报酬、支付招待费，不进行专项管理，不纳入账内核算。在此过程中，农村集体资产管理工作人员滥用职权、徇私舞弊、玩忽职守造成农村集体资产损失的，应当依法赔偿，并由有关部门对直接责任人给予行政处分；构成犯罪的，依法追究刑事责任。

防范指引：

（1）集体资源的承包、租赁应当签订书面协议，统一编号，实行合同管理。合同应当使用统一文本，明确双方的权利、义务、违约责任等。经济合同及有关资料应及时归档，并报乡镇农村经营管理站备案。

（2）家庭承包方式的承包权流转应遵循自愿有偿原则，村集体不得以强迫或者变相强迫的方式实施侵害承包户权益的行为。

（3）对于因特殊自然灾害确实需要调整承包地的，应通过民主决策程序进行。

（4）对于进城落户等情形的承包户，可以引导其按照自愿、有偿原则在本集体经济组织内转让承包权或交回承包地，或者鼓励其进行流转。

（5）妇女离婚或丧偶后仍在原居住地生活的，原居住地应保证其有一份承包地。丧偶或离婚后不在原居住地生活、其新居住地还没有为其解决承包土地的，原居住地所在村应保留其土地承包权。

（6）未按照法定及民主决策程序发包、缔约合同的，违背强制性法律规定的，缔约合同无效；造成当事人损失的，应当承担赔偿责任。

（7）不能强行实施征地，对于群众提出的合理要求，应当依法妥善予以解决。在拆迁行为发生前，应当依法制定征收告知书、拆迁告知书、赔偿告知书。

（8）法律规定属于集体所有的土地、林地、草地、荒地、滩涂等集体资源，应当建立集体资源登记簿，逐项记录。资源登记簿的主要内容包括：资源的名称、类别、坐落、面积等。

（9）农村集体建设用地收益要纳入账内核算，严格实行专户存储、专账管理、专款专用、专项审计监督，主要用于发展生产、增加集体积累、集体福利和公益事业等方面，改善农民的生产生活条件，不得用于发放干部报酬、支付招待费用等非生产性开支。

（10）农村集体经济组织资源实行租赁、承包或出让的，应当制订相关方案，明确资产的名称、数量、用途，承包、租赁、出让的条件及其价格，经农村集体经济组织成员会议或成员代表会议决定后，采取公开竞价等方式进行，并签订书面合同；价值较大的资源处置，必须聘请专业单位和人员参与。

● 问题4　农村集体经济组织否认村民具有本集体经济组织成员资格的，有哪些情形不会得到人民法院支持？

风险分析：

（1）出生时，父母双方或一方是本集体经济组织成员且本人户籍登记在集体经济组织所在地的；

（2）因婚姻（包括女方迁入男方或男方入赘迁入女方）或收养将户籍迁入本集体经济组织所在地，且进入本集体经济组织的农户生产、居住生活的；

（3）因国防建设、移民等政策性原因迁入本集体经济组织的；

（4）将户籍从其他农村集体经济组织迁入本集体经济组织

时，已经经过村民会议或村民代表会议讨论同意其享有本集体经济组织成员资格，或虽未按程序召开村民大会或村民代表大会，但已经取得本集体经济组织的土地承包经营权，在本集体经济组织承包土地生产、居住生活的；

（5）经民主议定程序召开的村民大会或村民代表大会决定同意，符合村规民约等规定的可以取得本集体经济组织成员资格的其他情形的；

（6）法律或国家政策明确规定可以取得本集体经济组织成员资格的其他情形。

防范指引：

（1）农村集体经济组织成员资格的认定，应当以是否形成较为固定的生产、生活，是否依赖于农村集体土地作为生活保障为基本条件，并结合是否具有依法登记的集体经济组织所在地常住户口，作为判断农村集体经济组织成员资格的一般原则。

（2）探索在群众民主协商基础上确认农村集体经济组织成员的具体程序、标准和管理办法，建立健全农村集体经济组织成员登记备案机制。

（3）应依据有关法律法规，按照尊重历史、兼顾现实、程序规范、群众认可的原则统筹考虑户籍关系、农村土地承包关系、对集体积累的贡献等因素，协调平衡各方利益，做好农村集体经济组织成员身份确认工作，解决成员边界不清的问题。

（4）成员资格的取得遵循男女平等的原则，原始取得的家庭成员衍生的新生农业人口，无论男性或女性均可取得成员资格。

● 问题5　农村集体经济组织主张其成员已丧失本集体经济组织成员资格的，有哪些情形不会得到人民法院支持？

风险分析：

（1）农村集体经济组织女性成员婚后未将户籍迁出至男方所在地，仍在本集体经济组织承包土地生产、居住、生活，且未在男方所在集体经济组织分配承包土地、享受土地补偿费用分配或男方系城镇职工、居民的；

（2）离婚、丧偶妇女将户籍迁回本集体经济组织，并在本集体经济组织承包土地生产、居住、生活的；

（3）因外出经商、务工等原因脱离本集体经济组织所在地生产、居住、生活，但未迁出户籍的；

（4）虽然将户籍迁出本集体经济组织，但仍在本集体经济组织生产、居住、生活，且以承包土地为其基本生活保障的；

（5）具有本集体经济组织成员资格，因在大中专院校学习、服义务兵役或初级以下士官兵役、服刑将户籍迁出或注销的。

防范指引：

（1）农村集体经济组织成员资格丧失的确认，应当遵循以人为本的原则，结合土地承包关系、生活保障来源、集体成员义务履行等情况进行综合判断。

（2）在农村集体经济组织成员未改变户籍性质和退出承包地之前，一般不宜认定农村集体经济组织成员资格丧失。

（3）当事人是否认定为村集体经济组织内部成员，系人民法院在审理承包地征地补偿款分配民事案件中需要确认的事实，无须由行政机关先行对其具有集体经济组织成员资格进行确认。

问题6　农民专业合作社经营过程中存在哪些法律风险？

风险分析：

（1）侵占、挪用、截留、私分或者以其他方式侵犯农民专业合作社及其成员的合法财产；

（2）非法干预农民专业合作社及其成员的生产经营活动；

（3）向农民专业合作社及其成员摊派，强迫农民专业合作社及其成员接受有偿服务，造成农民专业合作社经济损失的；

（4）农民专业合作社向登记机关提供虚假登记材料或者采取其他欺诈手段取得登记；

（5）农民专业合作社未按照法律、法规和章程规定履行民主管理程序或者未按照法律、法规和章程规定进行会计核算或者盈余分配的；

（6）打着“资金互助”“农业开发”“农业科技”“联合种植养殖”等旗号，没有可持续盈利模式的非法集资行为，通过“熟人推荐”“摆摊设点”“虚构授权”等方式承诺固定收益、保本保收益的行为；

（7）以合作社名义骗取、套取国家财政奖补和项目扶持资金；

（8）农民专业合作社连续两年未从事经营活动的；

（9）农民专业合作社在依法向有关主管部门提供的财务报告等材料中做虚假记载或者隐瞒重要事实。

防范指引：

（1）农民专业合作社实行独立的财务管理和会计核算，严格按照国务院财政部门制定的农民专业合作社财务制度和会计制度核定生产经营和管理服务过程中的成本与费用，完善内部控制和管理制度，预防财务风险发生。

（2）农民专业合作社应当建立健全基础台账，实行社务公开，成员（代表）大会、理事会（理事长）、监事会（执行监事）决定事项及其执行情况、财务状况、年度业务报告等应当及时公开，接受本社成员的查阅和监督。

（3）财政、审计、农业农村等有关部门，应当依法对农民专业合作社获得的财政补助资金使用情况进行监督。

（4）农民专业合作社应当按照规定编制年度报告，通过国家企业信用信息公示系统向登记机关报送上一年度报告，并向社会公示。登记机关应当在规定的时间内作出将其列入经营异常名录的决定，并通过国家企业信用信息公示系统向社会公示。

（5）对无农民成员实际参与、无实质性生产经营活动、因经营不善停止运行的合作社，引导其自愿注销；对领取营业执照后未开展经营活动、申请注销登记前未发生债权债务或已将债权债务清算完结的合作社，可采用简易注销方式办理注销。

第三章　土地利用中的法律风险防范

农村土地承包经营权流转带动了产业转移、资金转移、技术转移，提高了土地利用率，促进了农业结构调整和适度规模经营，增加了农业资金投入渠道，推进了农业现代化进程和农民增收。但是，在流转过程中，一些风险因素必须加以防范。农村土地流转应按严格的法律程序，订立书面合同，规范双方权利义务。而在实践中，土地流转形式往往不规范、不严谨，未按程序进行登记、鉴证和备案，有的甚至未经批准，擅自建设一些非农设施并产生矛盾纠纷。另外，农村土地承包经营权流转的当事方往往缺乏风险防范意识，没有建立相关的风险管控机制，对土地流转企业的资质、经营项目、资金保障等重点环节，没有风险管理，易形成土地流转风险新隐忧。

第一节　土地流转与利用概述

● 问题1　农村土地承包经营权的承包期限最长是多久?

根据《民法典》《土地管理法》《农村土地承包法》的相关规定，耕地的承包期为30年，草地的承包期为30年至50年，林地的承包期为30年至70年。前述耕地承包期届满后再延长30年，草地、林地承包期届满后依前述规定相应延长。根据国务院办公厅《关于进一步做好治理开发农村“四荒”资源工作的通知》的规定，“四荒”地的使用权承包、租赁或拍卖的期限最长不得超过50年。

● 问题2　承包人转让土地承包经营权及流转土地经营权是否需发包人同意？

经发包方同意，承包方可以将全部或者部分的土地承包经营权转让给本集体经济组织的其他农户，由该农户同发包方确立新的承包关系，原承包方与发包方在该土地上的承包关系即行终止。因此，承包人向本集体内部成员转让“土地承包经营权”需要发包人同意，而且“土地承包经营权”不得转让给非本集体经济组织的单位或个人。

根据《农村土地承包法》第46条的规定，经承包方书面同意，并向本集体经济组织备案，受让方可以再流转土地经营权。可见，承包方流转“土地经营权”或受让人再次流转“土地经营权”均无须发包人（土地所有人集体组织）同意，仅需办理备案手续即可。而根据《农村土地承包法》第38条的规定，承包人可以将“土地经营权”流转给非本集体的具有农业经营能力或者资质的个人或工商企业，但在同等条件下，本集体经济组织成员享有优先权。

● 问题3　非农村集体内部成员能否取得农村土地承包权?

农村土地承包权一般情况下归本集体经济组织成员享有，非农村集体内部成员不能取得农村土地承包权，其与村民委员会或集体组织签署的土地承包合同无效。但不宜采取家庭承包方式的“四荒”地等农村土地，通过招标、拍卖、公开协商等方式承包的，可以经法定程序由本集体经济组织以外的单位或者个人承包，不过，在同等条件下，本集体经济组织成员有权优先承包。发包方将农村土地发包给本集体经济组织以外的单位或者个人承包，应当事先经本集体经济组织成员的村民会议2/3以上成员或者2/3以上村民代表的同意，并报乡镇人民政府批准。

● 问题4　发包方能否以承包农户家庭成员中有人考上国家公务员或“农转非”等为由收回其承包地?

根据《农村土地承包法》第27条第1~3款的规定：“承包期内，发包方不得收回承包地。国家保护进城农户的土地承包经营权。不得以退出土地承包经营权作为农户进城落户的条件。承包期内，承包农户进城落户的，引导支持其按照自愿有偿原则依法在本集体经济组织内转让土地承包经营权或者将承包地交回发包方，也可以鼓励其流转土地经营权。”农村土地承包经营权基于承包方的农村集体成员的身份而产生，但是，即使该家庭全部由农村户口转变为城市户口，丧失了农村集体成员的身份，承包人也可以在集体成员内部转让土地承包经营权或将承包地交回发包人，或将土地经营权流转。发包人不得以承包农户家庭成员中有人考上国家公务员或“农转非”等为由收回其承包地。

● 问题5　农村土地承包经营权是否可以继承取得？

《农村土地承包法》第32条规定：“承包人应得的承包收益，依照继承法的规定继承。林地承包的承包人死亡，其继承人可以在承包期内继续承包。”我国农村土地承包经营的方式包括以下两种：一是农村家庭联产承包，以家庭为单位所进行的承包是在我国农村土地承包经营合同中所占比例最大的承包方式；二是其他方式承包，主要是针对“四荒”地的承包。家庭承包的承包方是本集体经济组织的农户，即家庭承包方式的农村土地承包经营权属于农户家庭，而不属于某一个家庭成员。在承包人死亡、承包经营的家庭消亡的情况下，对于其土地承包经营权能否继承的问题，从我国的实际情况出发，为缓解人地矛盾，体现社会公平，承包人死亡、承包经营的家庭消亡的，其承包地不允许继承，应当由集体经济组织收回，并严格用于解决人地矛盾。当然，承包地虽然不允许继承，但承包人应得的承包收益，如已收获的粮食、未收割的农作物等，作为承包人的个人财产，则应当依照《民法典》的规定继承。

● 问题6　农村妇女外嫁后，是否享有原居住地农村土地承包权？

根据《农村土地承包法》第6条的规定，农村划分责任田、口粮田，以及批准宅基地等，妇女与男子享有平等权利，任何组织和个人不得剥夺、侵害妇女应当享有的土地承包权。《农村土地承包法》第31条规定：“承包期内，妇女结婚，在新居住地未取得承包地的，发包方不得收回其原承包地；妇女离婚或者丧偶，仍在原居住地生活或者不在原居住地生活但在新居住地未取得承包地的，发包方不得收回其原承包地。”

● 问题7 农民迁入城镇落户后，原承包的土地怎么办？

根据《农村土地承包法》第27条第3款的规定，承包期内，承包方全家迁入城镇落户的，应当按照承包方的意思，保留其土地承包经营权或允许其依法进行土地经营权的流转。承包期内承包方全家迁入城镇落户的，承包方愿意保留土地承包经营权的，发包方应当予以保留，不得收回；承包方进行土地承包经营权流转的，发包方应当允许流转；承包方有稳定的非农就业或收入来源，愿意将承包地交回的，发包方应当接受，并依法另行安排承包。

● 问题8 在设施农业用地使用过程中应注意哪些问题？

根据自然资源部、农业农村部于2019年12月17日颁布的《关于设施农业用地管理有关问题的通知》的规定，设施农业用地指直接用于经营畜禽养殖生产的设施及附属设施，直接用于作物栽培或水产养殖等农产品生产的设施及附属设施用地，直接用于设施农业项目辅助生产的设施用地，晾晒场、粮食果品烘干设施、粮食和农资临时存放场所、大型农机具临时存放场所等规模化粮食生产所必需的配套设施用地。在设施农业用地使用过程中应注意以下问题：

（1）设施农业用地选址应依据国土空间规划、农业产业发展规划、村庄规划进行选址，选址应尽量利用荒山、荒坡、滩涂、坑塘水面以及闲置建设用地，避免使用耕地，特别是优质耕地和永久基本农田。

（2）设施农业用地实行备案管理，无须办理建设用地审批手续。设施农业用地由农村集体经济组织或经营者在签订土地使用合同后向乡镇人民政府备案。涉及补划永久基本农田的，须经县级自然资源主管部门同意后方可动工建设。

（3）设施农业用地不能用于餐饮、娱乐、康养等经营性用途；用于这些用途的，按建设用地进行管理，必须依法办理建设用地审批手续。

（4）在生产经营过程中或结束后，设施不再使用的，设施农业用地项目经营者应按要求开展土地复垦工作，原农用地类型为耕地部分应按照“数量不减少、质量不降低”的原则复垦为耕地。

（5）以农业为依托的休闲观光度假场所、庄园、酒庄、农家乐，以及各类农业大棚，农业园区中涉及建设餐饮、住宿、会议、停车场、工厂化农产品加工、展销场所，不属于设施农业用地。

第二节 土地流转与利用中的法律风险

● 问题1 在农村土地承包过程中发包方存在哪些法律风险？

风险分析：

（1）干涉承包方依法享有的生产经营自主权；

（2）违反法律规定收回、调整承包地；

（3）强迫或者阻碍承包方进行土地承包经营权的互换、转让或者土地经营权流转；

（4）假借少数服从多数，强迫承包方放弃或者变更土地承包经营权；

（5）以划分“口粮田”和“责任田”等为由收回承包地搞招标承包；

（6）将承包地收回，抵顶欠款；

（7）剥夺、侵害妇女依法享有的土地承包经营权。

防范指引：

（1）根据《农村土地承包法》《农村土地经营权流转管理办法》的规定，土地经营权流转发生争议或者纠纷的，当事人可以协商解决，也可以请求村民委员会、乡镇人民政府等进行调解。

（2）当事人不愿意协商、调解或者协商、调解不成的，可以向农村土地承包仲裁机构申请仲裁，也可以直接向人民法院提起诉讼。

• 问题2 在农村土地流转过程中承包方、受让方存在哪些法律风险？

风险分析：

（1）仅订立口头协议；

（2）合同约定含混不清，未明确约定双方的权利义务、流转合同到期后地上附着物及相关设施的处理、违约责任等；

（3）擅自改变土地用途；

（4）闲置、荒芜耕地；

（5）占用耕地建窑、建坟或者擅自在耕地上建房、挖砂、采石、采矿、取土；

（6）占用永久基本农田发展林果业、挖塘养鱼；

（7）给土地造成严重损害或者严重破坏土地生态环境。

防范指引：

（1）土地经营权流转合同书面化。《农村土地承包法》第40条第1款规定："土地经营权流转，当事人双方应当签订书面流转合同。"为避免口头流转合同发生纠纷，有必要以要式合同的形式加以落实。

（2）土地经营权流转合同的内容应全面、明确，具体应包括以下方面：流转双方的名称、流转土地的具体位置和面积、承包的起止日期、流转土地用途、流转价格及支付方式。

（3）土地经营权流转合同签署主体明确化。企业与村民委员会签订租赁合同租赁集体土地时，应当要求村民委员会提供出租该集体土地经村民会议讨论通过的书面文件，以确保租赁合同有效。

（4）土地经营权流转合同备案规范化。依据现行法律，流转合同签订以后，原承包方（转包方）应及时向发包方备案，同时报乡镇人民政府批准。若发现转包时未报批和备案，应及时报批和备案。

（5）在农村土地流转过程中，承包方存在违规占用耕地或其他破坏土地生态环境行为，且在合理期限内不解除土地流转合同的，发包方有权要求终止土地经营权流转合同，受让方对土地和土地生态环境造成的损害应当依法予以赔偿。

问题3　违反土地规划，擅自将农用地更改为建设用地，存在哪些法律风险?

风险分析：

（1）未经批准或者以欺骗手段获取批准，违反土地规划，擅自将农用地改为建设用地的，应限期拆除土地上的建筑物和其他设施，责令恢复原状，对于直接负责的主管人员或者其他责任人，给予行政处分。

（2）对于非法占用基本农田5亩以上，或者非法占用基本农田以外耕地10亩以上，造成严重毁坏或者严重污染的，构成非法占用农用地罪，处5年以下有期徒刑或者拘役，并处或者单处罚金。

防范指引：

（1）国家保护耕地，严格控制耕地转为非耕地。国家实行永久基本农田保护制度。被划定为永久基本农田的，任何单位不得擅自占用或者改变用途。

（2）因能源、交通、水利、军事等重点建设项目无法避让基本农田的，应经国务院批准。对于农用地转为建设用地的，应当办理农用地转用审批手续。对于需要征收农用地的，应严格按照法定程序实施征收。

问题4　土地承包出现“新官不认旧账”，存在哪些法律风险?

风险分析：

《农村土地承包法》第25条规定：“承包合同生效后，发包方不得因承办人或者负责人的变动而变更或者解除，也不得因集体经济组织的分立或者合并而变更或者解除。”可见，“新官不认旧账”的做法是一种违法行为，发包方违反规定擅自变更、解除承包合同，侵犯农民的土地承包经营权的，必须依法承担相应的法律责任。

防范指引：

（1）农村基层组织应当建立“契约观念”，加强“诚信建设”，在乡村营造崇尚诚信、践行诚信的良好风尚。

（2）村民委员会系独立的民事主体，村民委员会主任的变更系其内部事务的变化，并不影响该村民委员会在土地承包关系中相应义务的承担。

（3）承包人的相关权利受到发包方侵害的，有权向发包方主张违约赔偿金。

● 问题 5　没有经过法定发包程序而签订的土地承包合同存在哪些法律风险?

风险分析：

如本村集体经济组织、村民委员会或者村民小组，违背集体经济组织成员或者代表大会决议，擅自将土地发包给他人或者本集体经济组织以外的单位或者个人，属于越权发包，所签订的承包合同就属于无效合同。

防范指引：

（1）由本集体经济组织成员承包土地时，承包方案依法经本集体经济组织成员的村民会议 2/3 以上成员或者 2/3 以上的村民代表同意。

（2）由本集体经济组织成员以外的单位或者个人承包经营的，必须经村民会议 2/3 以上成员或者 2/3 以上村民代表同意，并报乡镇人民政府批准。

（3）在承包期内，因自然灾害严重损毁承包地等特殊原因对各农户之间所承包的土地或者山林进行调整的，必须经本集体经济组织成员的村民会议 2/3 以上成员或者 2/3 以上村民代表的同意，并报乡镇人民政府批准。

（4）承包合同签订满 1 年，或虽未满 1 年，但承包人已实际做了大量的投入的情况下，人民法院不因发包方违反法律规定的民主议定原则越权发包而确认该承包合同无效，但可对该承包合同的有关内容进行适当调整。

问题 6　哪些占用耕地的行为存在法律风险？

风险分析：

（1）占用永久基本农田种植苗木、草皮等用于绿化装饰以及其他破坏耕作层的植物；

（2）在铁路、国道、省道（含高速公路）、县乡道路两侧用地范围以外违规占用耕地超标准建设绿化带；

（3）以河流、湿地、湖泊治理为名，擅自占用耕地及永久基本农田挖田造湖、挖湖造景；

（4）占用永久基本农田扩大自然保护地；

（5）违反规划搞非农建设、乱占耕地建房；

（6）擅自调整县乡国土空间规划，规避占用永久基本农田审批，未批先用、批少占多、批甲占乙，超过规定时限长期使用。

防范指引：

（1）严禁违规占用耕地绿化造林。违规占用耕地及永久基本农田造林的，不予核实造林面积，不享受财政资金补助政策。

（2）严禁超标准建设绿色通道。要严格控制铁路、公路两侧用地范围以外绿化带用地审批。道路沿线是耕地的，两侧用地范围以外绿化带宽度不得超过5米，其中县乡道路不得超过3米。

（3）严禁违规占用耕地挖湖造景。不准在城市建设中违规占用耕地建设人造湿地公园、人造水利景观。未履行审批手续的在建项目，应立即停止并纠正；占用永久基本农田的，要限期恢复，确实无法恢复的按照有关规定进行补划。

（4）严禁占用永久基本农田扩大自然保护地。新建的自然保护地应当边界清楚，不准占用永久基本农田。已划入自然保护地核心保护区内的永久基本农田，要纳入生态退耕、有序退出。

（5）严禁违规占用耕地从事非农建设。加强农村地区建设用地审批和乡村建设规划许可管理，坚持农地农用。不得违反规划搞非农建设、乱占耕地建房等。

（6）严禁违法违规批地用地。批地用地必须符合国土空间规划，凡不符合国土空间规划以及不符合土地管理法律法规和国家产业政策的建设项目，不予批准用地。

● 问题7 破坏耕地、林地的行为需要承担哪些法律责任？

风险分析：

（1）《土地管理法》第75条规定，擅自在耕地上建房、挖砂、采石、采矿、取土等，破坏种植条件的，由县级以上人民政府自然资源主管部门等责令限期改正或者治理，可以并处罚款；构成犯罪的，依法追究刑事责任。《土地管理法实施条例》第51条规定，依照《土地管理法》第75条的规定处以罚款的，罚款额为耕地开垦费的2倍以下。

（2）《基本农田保护条例》第33条规定，违反该条例规定，占用基本农田建窑、建房、建坟、挖砂、采石、采矿、取土、堆放固体废弃物或者从事其他活动破坏基本农田，毁坏种植条件的，由县级以上人民政府土地行政主管部门责令改正或者治理，恢复原种植条件，处占用基本农田的耕地开垦费1倍以上2倍以下的罚款；构成犯罪的，依法追究刑事责任。

（3）《森林法》第74条规定，违反该法规定，进行开垦、采石、采砂、采土或者其他活动，造成林木毁坏的，由县级以上人民政府林业主管部门责令停止违法行为，限期在原地或者异地补种毁坏株数1倍以上3倍以下的树木，可以处毁坏林木价值5倍以下的罚款；造成林地毁坏的，由县级以上人民政府林业主管部门责令停止违法行为，限期恢复植被和林业生产条件，可以处恢复植被和林业生产条件所需费用3倍以下的罚款。

（4）《刑法》第342条规定，违反土地管理法规，非法占用耕地、林地等农用地，改变被占用土地用途，数量较大，造成耕地、林地等农用地大量毁坏的，处5年以下有期徒刑或者拘役，并处或者单处罚金。

防范指引：

（1）牢固树立山水林田湖草沙是一个生命共同体的理念，

实现永久基本农田保护与经济社会发展、乡村振兴、生态系统保护相统筹。禁止任何单位和个人在永久基本农田保护区范围内建窑、建房、建坟、挖沙、采石、采矿、取土、堆放固体废弃物或者进行其他破坏永久基本农田的活动；禁止任何单位和个人破坏永久基本农田耕作层。

（2）通过严格林地用途管制，严厉打击毁林开垦和违法占用林地，防止林地退化，减少林地逆转流失数量；通过生态自我修复和加大对石漠化沙化土地、工矿废弃地、生态重要区域的治理等，有效补充林地数量，确保全国林地资源动态平衡、适度增长。

（3）切实落实国家退耕还林政策，对于生态重要区域的陡坡耕地和生态脆弱区域的沙化耕地，在与耕地保护、农业发展协调的基础上，按照国家部署逐步实行退耕还林。对于石漠化严重地区、退化土地等，符合植被恢复条件的，应积极封育恢复、造林绿化、修复生态，多种途径增加林地资源。

● 问题 8　农户从事挖塘养殖存在哪些法律风险？

风险分析：

（1）民事法律风险。《土地管理法》第 37 条第 3 款规定："禁止占用永久基本农田发展林果业和挖塘养鱼。"如果开挖鱼塘所占用的承包地属于基本农田，那么租赁双方所签订的租赁经营合同，因内容违反了国家法律的强制性规定，应属无效合同，自始无效。

（2）行政法律风险。若开挖土地属于基本农田，根据《土地管理法》第37条第3款，开挖人应当承担土地复垦义务，若开挖人拒不履行复垦义务的。根据《土地管理法》第76条的规定，拒不履行土地复垦义务的，由县级以上人民政府自然资源主管部门责令限期改正；逾期不改正的，责令缴纳复垦费，专项用于土地复垦，可以处以罚款。具体的处罚标准，依据《土地管理法实施条例》第56条的规定，依照《土地管理法》第76条的规定处以罚款的，罚款额为土地复垦费的2倍以上5倍以下。

（3）刑事法律风险。有些养殖户为了扩大养殖规模，不顾后果把大量基本农田开挖成鱼塘，可能面临刑事责任。根据《刑法》第342条的规定，违反土地管理法规，非法占用耕地、林地等农用地，改变被占用土地用途，数量较大，造成耕地、林地等农用地大量毁坏的，处5年以下有期徒刑或者拘役，并处或者单处罚金。最高人民法院《关于审理破坏土地资源刑事案件具体应用法律若干问题的解释》第3条规定："违反土地管理法规，非法占用耕地改作他用，数量较大，造成耕地大量毁坏的，依照刑法第三百四十二条的规定，以非法占用耕地罪定罪处罚：（一）非法占用耕地'数量较大'，是指非法占用基本农田五亩以上或者非法占用基本农田以外的耕地十亩以上。（二）非法占用耕地'造成耕地大量毁坏'，是指行为人非法占用耕地建窑、建坟、建房、挖沙、采石、采矿、取土、堆放固体废弃物或者进行其他非农业建设，造成基本农田五亩以上或者基本农田以外的耕地十亩以上种植条件严重毁坏或者严重污染。"

防范指引：

（1）严禁新增占用永久基本农田建设水产养殖设施。

（2）严格控制新增水产养殖设施等农业设施建设用地使用一般耕地。

（3）利用永久基本农田发展稻渔综合种养的，要以不破坏基本农田为前提，确保沟坑占比、粮食栽种等符合要求，防止“重渔轻粮”“非粮化”倾向。因历史原因利用农田挖塘养鱼的，要积极引导养殖户逐步调整种养结构和模式，大力应用稻渔结合新技术新模式，促进粮增产、渔增收。

● 问题9 在耕地上建设“大棚房”“生态园”“休闲农庄”存在哪些法律风险？

风险分析：

珍惜、合理利用土地和切实保护耕地是我国的基本国策。近年来，随着传统农业向产业化、规模化的现代农业转变，以温室大棚为代表的设施农业快速发展。一些地区出现了假借发展设施农业之名，擅自或者变相改变农业用途，在耕地甚至永久基本农田上建设“大棚房”“生态园”“休闲农庄”等现象，造成土地资源被大量非法占用和毁坏，严重侵害农民权益和农业农村的可持续发展，在社会上造成恶劣影响。2018 年，自然资源部和农业农村部在全国开展了“大棚房”问题专项整治行动，推进落实永久基本农田保护制度和最严格的耕地保护政策。在基本农田上建设“大棚房”予以出租出售，违反《土地管理法》，属于破坏耕地或者非法占地的违法行为。非法占用耕地数量较大或者造成耕地大量毁坏的，应当以非法占用农用地罪追究实际建设者、经营者的刑事责任。

防范指引：

（1）属于下列情形的，应当予以拆除：①未经批准在永久基本农田上修建非农设施；②在农业园区内占用耕地或以设施农业名义在耕地上违法违规修建“私家庄园”、别墅、度假酒店、经营性住宅等非农设施；③在农业大棚内修建住宅、餐饮、娱乐、产品深加工、会议、交易市场、仓储物流等非农设施。

（2）已按设施农业用地审核或备案，但实际用途与审核或备案用途不一致且能够整改恢复的，立即恢复设施农业生产，继续纳入设施农用地管理。

（3）已按设施农业用地审核或备案，但附属设施、配套设施面积超出审核或备案标准的，对超出面积部分进行整改后，继续纳入设施农用地管理。

第三节　宅基地使用与管理概述

问题1　我国现行农村宅基地制度的基本特征是什么？

宅基地制度是中国特色土地制度的重要组成部分，其核心是维护农村土地集体所有和保障农民基本居住权利。中华人民共和国成立以来，历经演变，我国农村宅基地制度框架已基本形成，其基本特征是：集体所有、成员使用；一户一宅、限定面积；无偿取得、长期占有；规划管控、内部流转。这一制度安排在保障农村“户有所居、民不失所”等方面发挥了极为重要的作用，促进了农村经济发展和社会稳定。

问题2　现行农村宅基地产权制度的基本内容是什么？

现行宅基地产权制度的基本内容是，农民集体拥有宅基地所有权，农村集体经济组织成员拥有宅基地使用权，符合条件的农户具有分配宅基地的资格。

问题3　村民在什么情况下可以申请宅基地？

村民在以下情况下可以申请宅基地：

（1）无宅基地的；

（2）因子女结婚等原因确需分户而现有的宅基地低于分户标准的；

（3）现住房影响乡镇村建设规划，需要搬迁重建的；

（4）符合政策规定迁入村集体组织落户为正式成员且在原籍没有宅基地的；

（5）宅基地因自然灾害等原因灭失的，宅基地使用权消灭。

问题4　农村宅基地申请审批程序是什么？

宅基地申请审批流程，包括农户申请、村民小组会议讨论通过并公示、村级组织开展材料审核、乡镇部门审查、乡镇政府审批、发放宅基地批准书等环节。没有分设村民小组或宅基地和建房申请等事项已统一由村级组织办理的，农户直接向村级组织提出申请，经村民代表会议讨论通过并在本集体经济组织范围内公示后，报送乡镇人民政府批准。

问题5　宅基地面积的审批标准是什么？

村民一户只能有一处宅基地，根据《土地管理法》的规定，具体面积由各省区市根据地方实际情况确定。根据相关规定，村民在城市发展控制区以外地区自建住宅用地，有条件的，应当统一规划建设；没有条件的，且本村人均耕地面积不足667平方米的，每户用地面积不得超过167平方米；本村人均耕地面积在667平方米以上的，每户用地面积不得超过200平方米。

问题6　进城落户的农民能否继续保留宅基地使用权？

进城落户的农民可以依法保留其原来合法取得的宅基地使用权；国家允许进城落户的农民依法自愿有偿退出宅基地，鼓励农村集体经济组织及其成员盘活利用闲置宅基地和闲置住宅，不能强迫进城落户农民放弃其合法取得的宅基地使用权。

问题7　城镇户籍子女能否继承农村宅基地使用权？

农村宅基地使用权属于集体经济组织给成员分配的福利性质财产，带有身份性质，根据《民法典》的规定，身份性质的权利不能继承，因此城镇户口子女不能继承农村宅基地使用权。但宅基地上的房屋属于个人的合法财产，可以继承。因此，城镇居民只能继承农村宅基地上的房屋，按照“地随房走”的原则进而取得房屋占用范围的宅基地使用权。此外，根据2020年9月9日《自然资源部对十三届全国人大三次会议第3226号建议的答复》，按照“房地一体”原则，农民的宅基地使用权可以依法由城镇户籍的子女继承并办理不动产登记，但农村宅基地不能被单独继承。

● 问题8　城镇居民能否在农村购买宅基地？

城镇居民不得购买宅基地，购买合同无效，不得登记颁证。中共中央、国务院《关于切实加强农业基础建设进一步促进农业发展农民增收的若干意见》规定，“城镇居民不得到农村购买宅基地、农民住宅或‘小产权房’”。中央农村工作领导小组办公室、农业农村部《关于进一步加强农村宅基地管理的通知》规定，“宅基地是农村村民的基本居住保障，严禁城镇居民到农村购买宅基地，严禁下乡利用农村宅基地建设别墅大院和私人会馆。严禁借流转之名违法违规圈占、买卖宅基地”。

● 问题9　宅基地“三权分置”指什么？

2018 年中央 1 号文件中共中央、国务院《关于实施乡村振兴战略的意见》在“深化农村土地制度改革”中提出，探索宅基地所有权、资格权、使用权“三权分置”，落实宅基地集体所有权，保障宅基地农户资格权和农民房屋财产权，适度放活宅基地和农民房屋使用权。2020 年中央 1 号文件要求“以探索宅基地所有权、资格权、使用权‘三权分置’为重点，进一步深化农村宅基地制度改革试点”。按照中央要求，农业农村部将牵头组织试点，拓展试点范围，丰富试点内容，完善制度设计，围绕宅基地所有权、资格权、使用权“三权分置”，探索完善宅基地分配、流转、抵押、退出、使用、收益、审批、监管等制度的方法路径，总结一批可复制、能推广、惠民生、利修法的制度创新成果。

问题10　农村宅基地纠纷有哪些化解途径?

土地所有权和使用权争议，由当事人协商解决；协商不成的，由人民政府处理。单位之间的争议，由县级以上人民政府处理；个人之间、个人与单位之间的争议，由乡级人民政府或者县级以上人民政府处理。当事人对有关人民政府的处理决定不服的，可以自接到处理决定通知之日起30日内，向人民法院起诉。在土地所有权和使用权争议解决前，任何一方不得改变土地利用现状。

第四节　宅基地使用与管理中的法律风险

问题1　村民在自建房屋过程中存在哪些法律风险?

风险分析：

（1）采取欺骗手段骗取批准，非法占用土地建设住宅；

（2）未取得乡村建设规划许可证进行建设；

（3）不符合乡镇土地利用总体规划、镇总体规划、乡规划或者村庄规划；

（4）未经批准或者超出批准用地范围，非法占用土地进行住房建设；

（5）将现有住房改作非生活居住用房；

（6）未通过竣工验收即用于经营活动。

防范指引：

（1）按照我国《城乡规划法》第40～41条的规定，在城市、镇规划区内进行建筑物、构筑物建设的，建设单位或者个人应当向城市、县人民政府城乡规划主管部门或者省、自治区、直辖市人民政府确定的镇人民政府申请办理建设工程规划许可证。申请办理建设工程规划许可证，应当提交使用土地的有关证明文件、建设工程设计方案等材料；在乡、村庄规划区内使用原有宅基地进行村民住宅建设的规划管理办法，由省、自治区、直辖市制定，需申请并取得乡村建设规划许可证。建设单位或者个人在取得乡村建设规划许可证后，方可办理用地审批手续。

（2）农村自建房屋建筑活动应当执行房屋建设相关标准、规范和操作规程等，确保工程质量和安全。

（3）建房人应当选择符合要求的设计图、施工方和监理方，自觉接受乡镇人民政府、街道办事处和村民委员会的监督管理。建设高层房屋的住宅承建方需要具有相应建筑从业资质。

（4）不准未批先建。建房人在农村自建房屋项目开工前，应当确定设计图，与施工方签订书面合同，约定房屋保修期限和相关责任。

（5）不准超面积标准建造。在城市、镇规划区内建房的，应当严格按照审批面积建房。对于农村自建房，实行“一户一宅”原则，各地农房宅基地占地面积一般由地方土地管理法规作出规定。

（6）不得少批多建。不得超出审批的范围占地建设住宅，否则，将被相关行政机关按照《土地管理法》的规定认定为违法建设，若不自行拆除将会被强制拆除。

（7）不准随意翻修翻建房屋。翻修翻建旧房、危房时，需要向城乡规划主管部门或者村民委员会递交申请，审批通过并获得建设工程规划许可证或乡村建设规划许可证后才可以动工。

（8）不得违反国家有关工程建设标准，不得违反相邻建筑物的通风、采光和日照的相关规定。

（9）在宅基地上自建的房屋，其设置的目的是保障农村集体经济组织成员基本居住需要，仅限于建造个人住宅，不允许以建自建房的方式改变用途，如在宅基地上建设工厂、“小产权房”或经营性用房。

● 问题2　农民非法占地建房应承担什么法律责任？

风险分析：

（1）占用永久基本农田建房；

（2）在承包耕地上违法建房；

（3）违反“一户一宅”规定建房；

（4）在饮用水水源一级保护区、河道湖泊管理范围建房；

（5）在国道、省道、县道、乡道两侧建筑控制区建房。

防范指引：

（1）农村自建房屋选址应当避让地质灾害危险区、洪涝灾害频发区、地下采空区和地震断裂带等危险区域。

（2）村民新建住宅应当优先使用原有宅基地和村内空闲地，确需占用农用地的，应当依法办理农用地转用审批手续，不得占用永久基本农田。

（3）位于自然保护区、风景名胜区、文物保护单位、历史文化名镇名村、传统村落等区域的农村自建房屋，应当符合相关专项规划。

（4）《土地管理法》第 77 条第 1 款规定，未经批准，违反土地利用总体规划擅自将农用地改为建设用地的，由县级以上人民政府自然资源主管部门责令退还非法占用的土地，限期拆除在非法占用的土地上新建的建筑物和其他设施，恢复土地原状。《土地管理法》第 78 条第 1 款规定，村民非法占用土地建住宅的，由县级以上人民政府农业农村主管部门责令退还非法占用的土地，限期拆除在非法占用的土地上新建的房屋。因此，不管是村民还是其他主体非法占用永久基本农田建房，均面临被拆除建筑物和其他设施的处罚。

（5）《农村土地承包法》规定，承包经营土地的单位和个人，有保护和按照承包合同约定的用途合理利用土地的义务，未经依法批准不得将承包地用于非农业建设。擅自将承包地用于非农业建设的，属于非法占地行为，对建设主体依照《土地管理法》第 77 条、第 78 条等有关规定处罚。按照《农村土地承包法》第 63 条第 2 款的规定，承包方给承包地造成永久性损害的，发包方有权制止，并有权要求赔偿由此造成的损失。

（6）按照《土地管理法》第 62 条的规定，村民一户只能拥有一处宅基地，宅基地的面积不得超过本省、自治区或直辖市规定的标准。已经拥有宅基地的农户，不得再占用土地建房。村民出卖、出租、赠与住宅以后，再申请宅基地的，不予批准。没有宅基地但符合当地宅基地分配条件的农户，需要建房的，必须按照程序提出宅基地和建房申请，经过批准后使用宅基地建房。在审批中，原则上优先使用村内空闲地、未利用地，尽量少占和不占耕地。确实需要占用耕地建房的，必须按照规定的程序依法经过审批以后才能在批准的土地上建房，不得未批先建、边报边建、少批多建。违反“一户一宅”规定占用耕地建房，不能获得批准，这实质上属于未批先建，应依照《土地管理法》第78条的规定处罚。

问题3　宅基地在何种情况下有被村集体收回的风险？

风险分析：

根据《土地管理法》《确定土地所有权和使用权的若干规定》的规定，有下列情形之一的，村集体报经原批准用地的人民政府批准，可以收回宅基地使用权：

（1）乡（镇）村公共设施和公益事业建设需要使用土地的，集体收回宅基地使用权，并对宅基地使用权人给予适当补偿。

（2）不按照批准的用途使用宅基地的。

（3）因撤销、迁移等原因而停止使用宅基地的。

（4）空闲或房屋坍塌、拆除两年以上未恢复使用的宅基地，不再确定土地使用权。

（5）非农业户口居民（含华侨）原在农村的宅基地，房屋产权没有变化的，可依法确定其集体建设用地使用权。房屋拆除后没有批准重建的，集体收回宅基地使用权。

（6）在确定农村居民宅基地使用权时，其面积超过当地政府规定标准的，可在土地登记卡和权证内注明超过标准面积的数量。以后分户建房或现有房屋拆迁、改建、翻建或政府依法实施规划重新建设时，按当地政府规定的面积标准重新确定使用权，其超过部分由集体收回使用权。

防范指引：

（1）统筹考虑区位条件、资源禀赋、环境容量、产业基础和历史文化传承，选择适合本地实际的农村闲置宅基地和闲置住宅盘活利用模式。

（2）在充分保障农民宅基地合法权益的前提下，农村集体经济组织及其成员可采取自营、出租、入股、合作等多种方式盘活利用农村闲置宅基地和闲置住宅。

（3）进一步加强宅基地管理，对利用方式、经营产业、租赁期限、流转对象等进行规范，防止侵占耕地、大拆大建、违规开发，确保盘活利用的农村闲置宅基地和闲置住宅依法取得、权属清晰。

• 问题4 在盘活农村闲置宅基地和闲置住宅的过程中应避免哪些法律风险？

风险分析：

（1）侵占耕地、大拆大建、违规开发；

（2）违法违规买卖或变相买卖宅基地；

（3）擅自允许资本下乡，利用农村宅基地建设别墅大院和私人会馆；

（4）以各种名义违背农民意愿强制流转宅基地；

（5）禁止或强迫村民搬迁退出宅基地或者强迫农民“上楼”；

（6）违法收回农户依法取得的宅基地；

（7）以退出宅基地作为农民进城落户的条件；

（8）租赁合同期限超过 20 年。

防范指引：

（1）加强宅基地管理，对利用方式、经营产业、租赁期限、流转对象等进行规范，确保盘活利用的农村闲置宅基地和闲置住宅依法取得、权属清晰。

（2）统筹考虑区位条件、资源禀赋、环境容量、产业基础和历史文化传承，选择适合本地实际的农村闲置宅基地和闲置住宅盘活利用模式。

（3）注重规划先行，与村庄规划相衔接，与乡村产业发展规划相匹配，遵守安全消防规定，符合环保卫生要求，注重绿色发展。

（4）探索利用闲置住宅发展符合乡村特点的休闲农业、乡村旅游、餐饮民宿、文化体验、创意办公、电子商务等新产业、新业态，以及农产品冷链、初加工、仓储等第一、二、三产业融合发展项目。

（5）采取整理、复垦、复绿等方式，开展农村闲置宅基地整治，依法依规利用城乡建设用地增减挂钩、集体经营性建设用地入市等政策，为农民建房、乡村建设和产业发展等提供土地等要素保障。

● 问题5　在农村征地拆迁过程中存在哪些法律风险?

风险分析:

(1) 虚构征地事实出卖土地，或者以租代征;

(2) 擅自发布征地公告;

(3) 自行作出强拆决定并对被征收人进行拆迁、强拆;

(4) 代替被征收人签订拆迁安置补偿协议;

(5) 自行制订征地补偿费的使用、分配方案。

防范指引:

(1) 征收土地需要报省级以上人民政府批准。村委会作为基层群众性自治组织，无权征收土地。

(2) 我国《土地管理法实施条例》明确规定，征收土地的工作由县级以上人民政府在被征收土地所在地的乡镇、村发布征收土地公告和补偿安置方案公告。村委会并非政府，其可以配合张贴相关公告等，但是绝对无权发布征地公告及补偿安置方案公告，更无权进行征地批复。

(3) 对于合法的房屋，必须由当地自然资源部门依据其作出的责令交出土地决定申请法院强制执行，其后再由当地政府按照“裁执分离”的原则组织实施强征强拆；对于涉嫌违反规划的农村违建房屋，则依法应由乡镇人民政府依照《城乡规划法》的规定作出责令限期拆除决定后实施强拆。

(4)《村民委员会组织法》第24条明确规定，征地补偿费的使用、分配方案涉及村民利益，需要经村民会议讨论决定方可办理。因此，如果需要制订征地补偿款的分配方案，必须通过村民会议集体讨论决定。关于涉及村民利益的事项，如果村委会未经村民会议讨论就自行决定，村民可以向乡镇人民政府申请查处或者向法院起诉，以维护自己的合法权益。

（5）《土地管理法实施条例》第32条规定："省、自治区、直辖市应当制定公布区片综合地价，确定征收农用地的土地补偿费、安置补助费标准，并制定土地补偿费、安置补助费分配办法。地上附着物和青苗等的补偿费用，归其所有权人所有。社会保障费用主要用于符合条件的被征地农民的养老保险等社会保险缴费补贴，按照省、自治区、直辖市的规定单独列支。申请征收土地的县级以上地方人民政府应当及时落实土地补偿费、安置补助费、农村村民住宅以及其他地上附着物和青苗等的补偿费用、社会保障费用等，并保证足额到位，专款专用。有关费用未足额到位的，不得批准征收土地。"

● 问题6　在经营乡村民宿的过程中存在哪些法律风险？

风险分析：

（1）民宿项目开工建设之前，未办理规划、建设、国土、林业、消防、环评、水利等手续。

（2）未依法取得营业执照、卫生许可证、特种行业许可证、食品经营许可证、消防安全检查合格证等相关证照。

（3）民宿项目营业之前，未按照环评报告及批复要求配备相应的防污设施。

（4）民宿经营场所未配备必要的消防设施设备，有较大安全隐患。

（5）民宿经营者的用工纠纷。乡村民宿由于地处偏远，装修项目多委托个人来做，装修工人受伤情况时有发生。根据《民法典》第1192条第1款的规定，个人之间形成劳务关系，提供劳务一方因劳务受到损害的，根据双方各自的过错承担相应的责任。因此，在没有证据证明损害是由于装修工人自己的过错造成的情况下，民宿经营者及其合伙人应对损害承担赔偿责任。

防范指引：

（1）经营主体。乡村民宿经营主体包括个体工商户、农民专业合作社、农村集体经济组织和企业法人。鼓励有条件的农户利用自有宅基地和农民房屋经营乡村民宿。鼓励有实力的农民专业合作社、农村集体经济组织，具有专业化经营能力的企业法人通过投资、租赁等方式，参与乡村民宿的建设和运营。其中，通过农民专业合作社或者企业法人经营的，应当由村集体经济组织统一组织对外开展合作，并可以获取相应的收益作为集体经济收入。

（2）经营用房。乡村民宿的经营用房应提供房屋产权证明，房屋应符合本市抗震设防要求、消防安全要求与节能要求。建筑结构应安全牢固，无安全隐患。在设计、修缮及改造时，建筑用地范围应保持不变，建筑面积、建筑高度应符合区域规划要求。

（3）生态环境。乡村民宿应综合考虑所在地环境容量和相关法律、法规要求，同步配套建设污水处理等设施，确保污水达标、规范排放。落实生活垃圾分类处理，配齐生活垃圾分类设备设施。全面消除经营区域违法户外广告设施及零星乱设摊，保持村容村貌整洁。房屋建筑风貌应与当地的村庄风貌、村庄环境景观相协调。加大村域内古树名木的保护力度，结合农村人居环境整治，拆违还绿，增加村庄绿量和美感。

（4）公共安全。乡村民宿应根据《农家乐（民宿）建筑防火导则（试行）》的规定，配置必要消防设施器材，落实日常消防安全制度，履行消防安全职责，遵守食品安全、卫生安全、治安安全、环境安全等法规要求，建立相应管理制度和应急预案。

（5）从业人员。乡村民宿从业人员应持有合法身份证明或者务工证明，境外从业人员还应符合国家和本市有关规定。从业人员应取得健康证明后上岗，并进行年度健康体检和相关安全培训。

（6）规范经营。乡村民宿经营者需依法办理营业执照、公共场所卫生许可证、食品经营许可证（如经营餐饮），并上墙公布。要求安装使用公安机关的信息采集系统，落实旅客住宿登记、访客登记等安全管理制度。有明码标价的收费标准、住客须知和安全提示，并提供真实准确的住宿、餐饮等信息。

第四章　农村环境保护中的法律风险防范

● 问题1　在农村分散式饮用水水源保护区内存在哪些法律风险?

风险分析:

(1) 修建渗水的厕所、化粪池和渗水坑;

(2) 设立粪便、生活垃圾的收集、转运站;

(3) 堆放医疗垃圾、有毒有害物质,设立有毒、有害化学物品仓库、堆栈;

(4) 施用农药,随意丢弃和处置农药包装物及清洗器械;

(5) 建设畜禽养殖设施;

(6) 建设排放污染物的建设项目,新建、扩建纸浆、印染、染料、制革、电镀、炼油、农药、化肥以及其他污染水体的企业;

(7) 向水体倾倒工业固体废物、生活垃圾,排放有毒有害污水以及其他可能污染水体的物质;

(8) 堆放生活垃圾、工业固体废物、弃土、弃渣;

(9) 修建墓地、丢弃或者掩埋动物尸体;

（10）从事洗涤、旅游、水产养殖或者其他可能污染饮用水水体的活动。

防范指引：

（1）根据《环境保护法》《水污染防治法》的规定，造成水污染事故的，由县级以上地方人民政府生态环境主管部门责令停止水污染问题，限期采取治理措施，消除污染，处以罚款；逾期不采取治理措施的，生态环境主管部门可以指定有治理能力的单位代为治理，所需费用由违法者承担。或报经有批准权的人民政府批准，责令拆除或者关闭有关设施。

（2）因水污染受到损害的当事人，有权要求排污方排除危害和赔偿损失。

（3）水污染损害是由受害人故意造成的，排污方不承担赔偿责任。水污染损害是由受害人重大过失造成的，可以减轻排污方的赔偿责任。由于不可抗力造成水污染损害的，排污方不承担赔偿责任；法律另有规定的除外。

（4）水污染损害是由第三人造成的，排污方承担赔偿责任后，有权向第三人追偿。

● 问题2　在农村生活污水处理过程中存在哪些法律风险？

风险分析：

（1）向污水处理设施排放剧毒、易燃易爆物质、腐蚀性废液和废渣、废污油和有害气体以及餐厨油烟气体；

（2）向污水处理设施内倾倒垃圾、油脂、渣土、泥浆、砂浆、混凝土浆等易堵塞物；

（3）在污水处理设施保护范围内修建建筑物、构筑物，在排水口区域设置障碍或堆放物品；

（4）在配套管网、沟渠覆土面上取土、埋杆、打桩及种植高大乔木等；

（5）偷盗、损毁、穿凿或擅自拆卸、移动、占压污水处理设施。

防范指引：

（1）推进城镇污水处理设施和服务向城镇近郊的农村延伸，离城镇生活污水管网较远、人口密集且不具备利用条件的村庄，可建设集中处理设施实现达标排放。人口较少的村庄，以卫生厕所改造为重点推进农村生活污水治理，在杜绝化粪池出水直排的基础上，就地就近实现农田利用。

（2）加快推进户用卫生厕所建设和改造，同步实施厕所粪污治理。引导农村新建住房配套建设无害化卫生厕所，人口规模较大村庄配套建设公共厕所。

（3）建立健全符合农村实际的生活垃圾收集处置体系，避免因垃圾随意倾倒、长年堆积、处理不当等造成水体污染。

（4）推进畜禽养殖废弃物资源化利用，大力推动清洁养殖，加快推进肥料化利用，推广“截污建池、收运还田”等低成本、易操作、见效快的粪污治理和资源化利用方式，实现畜禽养殖废弃物源头减量、终端有效利用。

（5）实施农村清洁河道行动，建设生态清洁型小流域，鼓励河湖长制向农村延伸。

（6）因意外事故致使含有有害有毒物质的污水排入城镇污

水管网的，排水户应当立即采取措施消除危害，并向污水处理行政主管部门、环境保护行政主管部门和运营单位报告；造成损失的，依法承担赔偿责任。

问题3　在基本农田建设过程中存在哪些法律风险？

风险分析：

（1）在基本农田保护区内建窑、建房、建坟、挖砂、采石、采矿、取土、堆放固体废弃物或者进行其他破坏基本农田的活动；

（2）向基本农田保护区内排放不符合标准的废水、废物、废气；

（3）非法占用永久基本农田发展林果业和挖塘养鱼；

（4）闲置、荒芜基本农田；

（5）破坏或者擅自改变基本农田保护区标志；

（6）侵占、挪用基本农田的耕地开垦费；

（7）承担缴纳耕地开垦费义务的单位和个人，不按规定的期限和数额缴纳耕地开垦费的。

防范指引：

（1）在基本农田保护区从事农业生产经营的单位和个人都有保养基本农田的义务，应采取措施保持和培肥地力。

（2）经依法批准占用基本农田保护区内的耕地的单位，应当依照《耕地占用税法》的规定缴纳耕地占用税，并依照《土地管理法》第30条的规定履行开垦耕地义务或者缴纳耕地开垦费。

（3）进行非农业建设损害基本农田保护区的农田水利等设施或者毁坏种植条件的，用地单位应当负责修复或者恢复种植条件。

问题4　在农村土壤保护过程中存在哪些法律风险？

风险分析：

（1）向农用地排放重金属或者其他有毒有害物质含量超标的污水、污泥，以及可能造成土壤污染的清淤底泥、尾矿、矿渣等；

（2）农业投入品生产者、销售者、使用者未按照规定及时回收肥料等农业投入品的包装废弃物或者农用薄膜，或者未按照规定及时回收农药包装废弃物交由专门的机构或者组织进行无害化处理；

（3）将重金属或者其他有毒有害物质含量超标的工业固体废物、生活垃圾或者污染土壤用于土地复垦；

（4）在居民区和学校、医院、疗养院、养老院等单位周边新建、改建、扩建可能造成土壤污染的建设项目。

防范指引：

（1）将符合条件的优先保护类耕地划为永久基本农田，实行严格保护。永久基本农田集中区域不得新建可能造成土壤污染的建设项目；已经建成的，由所在地县级以上人民政府责令限期关闭拆除。

（2）鼓励农业生产者采取有利于防止土壤污染的种养结合、轮作休耕等农业耕作措施；支持采取土壤改良、土壤肥力提升等有利于土壤养护和培育的措施；支持畜禽粪便处理、利用设施的建设。

（3）禁止向农用地排放重金属或者其他有毒有害物质含量超标的污水、污泥，以及可能造成土壤污染的清淤底泥、尾矿、矿渣等。

（4）农业投入品生产者、销售者和使用者应当及时回收农药、肥料等农业投入品的包装废弃物和农用薄膜，并将农药包装废弃物交由专门的机构或者组织进行无害化处理。

（5）对开发建设过程中剥离的表土，应当单独收集和存放，符合条件的应当优先用于土地复垦、土壤改良、造地和绿化等。

（6）禁止将重金属或者其他有毒有害物质含量超标的工业固体废物、生活垃圾或者污染土壤用于土地复垦。

● 问题5　在农村水土保持方面存在哪些法律风险？

风险分析：

（1）在崩塌、滑坡危险区或者泥石流易发区从事取土、挖砂、采石等可能造成水土流失的活动；

（2）在禁止开垦坡度以上陡坡地开垦种植农作物，或者在禁止开垦、开发的植物保护带内开垦、开发；

（3）毁林、毁草开垦，或者在水土流失重点预防区和重点治理区铲草皮、挖树兜，滥挖虫草、甘草、麻黄等；

（4）在林区采伐林木不依法采取防止水土流失措施；

（5）在水土保持方案确定的专门存放地以外的区域倾倒砂、石、土、矸石、尾矿、废渣等；

（6）开办生产建设项目或者从事其他生产建设活动造成水土流失，不进行治理。

防范指引：

（1）在水土流失严重、生态脆弱的地区，严格保护植物、沙壳、结皮、地衣等；在侵蚀沟的沟坡和沟岸、河流的两岸以及湖泊和水库的周边，土地所有权人、使用权人或者有关管理单位应当营造植物保护带。禁止开垦、开发植物保护带。

（2）在25度以上陡坡地种植经济林的，应当科学选择树种，合理确定规模，采取水土保持措施，防止水土流失。

（3）林木采伐应当采用合理方式，严格控制皆伐；对水源涵养林、水土保持林、防风固沙林等防护林只能进行抚育和更新性质的采伐；对采伐区和集材道应当采取防止水土流失的措施，并在采伐后及时更新造林。

（4）生产建设项目选址、选线，应当避让水土流失重点预防区和重点治理区；无法避让的，应当提高防治标准，优化施工工艺，减少地表扰动和植被损坏范围，有效控制可能造成的水土流失。

● 问题6 在乡村湿地保护过程中存在哪些法律风险？

风险分析：

（1）开（围）垦、排干自然湿地，永久性截断自然湿地水源；

（2）擅自填埋自然湿地，擅自采砂、采矿、取土；

（3）排放不符合水污染物排放标准的工业废水、生活污水及其他污染湿地的废水、污水，倾倒、堆放、丢弃、遗撒固体废物；

（4）过度放牧或者滥采野生植物，过度捕捞或者灭绝式捕捞，过度施肥、投药、投放饵料等污染湿地的种植养殖行为；

（5）在以水鸟为保护对象的自然保护地及其他重要栖息地，从事捕鱼、挖捕底栖生物、捡拾鸟蛋、破坏鸟巢等危及水鸟生存、繁衍的活动；

（6）在红树林湿地挖塘，采伐、采挖、移植红树林或者过度采摘红树林种子，投放、种植危害红树林生长的物种；

（7）在泥炭沼泽湿地开采泥炭或者擅自开采地下水，将泥炭沼泽湿地蓄水向外排放；

（8）建设项目擅自占用国家重要湿地，建设项目占用重要湿地未恢复、重建湿地；

（9）向湿地引进或者放生外来物种。

防范指引：

（1）从维护湿地生态系统结构完整性和发挥湿地改善水环境、提供生物栖息地、保障生态安全、传承生态文明的基本功能出发，依法加强管理，健全保护管理体制机制，采取抢救性保护、修复与治理、污染控制等人工适度干预措施，恢复与重建湿地生态系统，遏制湿地面积减少和功能退化的趋势，逐步促成布局合理、类型齐全、层次清楚、重点突出、面积适宜的湿地自然保护生态体系。

（2）禁止侵占自然湿地等水源涵养空间，已侵占的要限期予以恢复，禁止开（围）垦、填埋、排干湿地，禁止永久性截断湿地水源。

（3）禁止向湿地超标排放污染物，禁止对湿地野生动物栖息地和鱼类洄游通道造成破坏，禁止破坏湿地及其生态功能的其他活动。

（4）禁止在湿地狩猎、捕捞、采集国家重点保护的野生动植物。

● 问题7　在农村天然林保护过程中存在哪些法律风险？

风险分析：

（1）盗伐天然林林木；

（2）对天然林进行商品性采伐；

（3）擅自移动或损坏天然林保护标牌和封山育林标牌；

（4）在天然林地内进行毁林开垦或毁林开矿、采石、采砂、采土以及其他毁林行为；

（5）在幼林地内放牧、砍柴、采挖药材、使用易损伤幼苗的机具割草以及进行其他不利于天然林自然恢复的活动。

防范指引：

（1）对纳入重点保护区域的天然林，除森林防火、林业有害生物防治等维护天然林生态系统健康的措施外，禁止其他一切生产经营活动。

（2）在不破坏地表植被、不影响生物多样性的前提下，可在天然林地适度发展生态旅游、休闲康养等产业。

（3）积极探索通过森林认证、碳汇交易等方式，多渠道筹措天然林保护修复资金。鼓励社会公益组织参与天然林保护修复。

问题8　在农村野生动植物保护过程中存在哪些法律风险?

风险分析:

(1)采集、侵占、购销或者破坏省级以上重点野生植物保护名录中的农业野生植物;

(2)猎捕、出售、收购、运输青蛙或者蛇等野生农业有益生物;

(3)未经批准或者未经依法登记擅自引进农业生物物种;

(4)未经批准或者未按规定取得和使用专用标识出售、购买、利用、运输、邮寄、携带国家重点保护野生动物及其制品;

(5)以食用为目的猎捕、交易、运输在野外环境自然生长繁殖的陆生野生动物;

(6)餐饮服务提供者非法购买、储存、加工、出售禁止食用的野生动物及其制品、食品;

(7)为非法猎捕、杀害、出售、购买、利用、加工、运输、储存、携带国家和省重点保护野生动物及其制品提供工具或者场所;

(8)伪造、变造、买卖、转让、租借狩猎证、人工繁育许可证及专用标识,出售、购买、利用国家和省重点保护野生动物及其制品的批准文件。

防范指引:

(1)采集重点保护野生植物,应当符合国家或地方关于采集方法、采集时间、采集地点、采集数量的有关规定。

(2)持有特许猎捕证、特许捕捉证、狩猎证的单位和个人,应当按照特许猎捕证、特许捕捉证、狩猎证核定的种类、数量、地点、期限、工具和方法进行。

(3) 对禁止食用的野生动物及其制品，餐饮服务提供者不得购买、储存、加工或者出售。

(4) 电子商务平台不得为使用禁止食用的野生动物及其制品制作的食品提供交易服务。

(5) 经批准从事出售、购买、利用省重点保护野生动物及其制品的单位和个人，应当在野生动物保护行政主管部门批准的限额指标内从事经营利用活动。

(6) 出售、购买、利用“三有”（有重要生态、科学、社会价值的陆生野生动物）保护野生动物及其制品的，应当具有有效的野生动物合法来源证明，并向县级人民政府野生动物保护行政主管部门备案。野生动物合法来源证明包括人工繁育许可证、狩猎证、捕捞证等。

(7) 出售野生动物及其制品的，应当依法附有检疫证明。

● 问题9　农民在使用农药过程中存在哪些法律风险?

风险分析:

(1) 使用禁用的农药;

(2) 使用无标签或未附具相应说明书的农药;

(3) 将剧毒、高毒农药用于防治卫生害虫，或用于蔬菜、瓜果、茶叶、菌类、中草药材的生产，以及水生植物的病虫害防治;

(4) 在饮用水水源保护区内使用农药;

(5) 使用农药毒鱼、虾、鸟、兽等;

（6）在饮用水水源保护区、河道内丢弃农药、农药包装物或者清洗施药器械。

防范指引：

（1）农药使用者应当遵守国家有关农药安全、合理使用制度，妥善保管农药，在配药、用药过程中采取必要的防护措施，避免发生农药使用事故。

（2）农药使用者应当按照农药标签标注的用途、方法、剂量、技术要求和注意事项、安全间隔期使用农药，不得扩大使用范围、加大用药剂量或者改变使用方法。标签标注安全间隔期的农药，在农产品收获前应当按照安全间隔期的要求停止使用。

（3）专业化病虫害防治服务组织开展农作物病虫害防治航空作业的，应当按规定公告作业范围、时间、施药种类以及注意事项，需要办理飞行计划或者备案手续的按照有关规定办理。

问题 10　在农村废气排放过程中存在哪些法律风险？

风险分析：

（1）在人口集中地区对树木、花草喷洒剧毒、高毒农药；

（2）露天焚烧秸秆、树枝、落叶等产生烟尘污染的物质；

（3）在人口集中地区和其他依法需要特殊保护的区域内焚烧沥青、油毡、橡胶、皮革、垃圾以及其他产生有毒有害烟尘和恶臭气体的物质；

（4）在当地人民政府禁止的时段和区域内露天烧烤食品或者为露天烧烤食品提供场地；

（5）未密闭保存煤炭、煤矸石、煤渣、煤灰、水泥、石灰、石膏、砂土等易产生扬尘的物料；

（6）施工工地未设置硬质围挡，或者未采取覆盖、分段作业、择时施工、洒水抑尘、冲洗地面和车辆等有效防尘降尘措施的；

（7）对不能密闭保存的易产生扬尘的物料，未设置不低于堆放物高度的严密围挡，或者未采取有效覆盖措施防治扬尘污染；

（8）装卸物料未采取密闭或者喷淋等方式控制扬尘排放；

（9）存放煤炭、煤矸石、煤渣、煤灰等物料，未采取防燃措施；

（10）未采取措施防止排放恶臭气体；

（11）排放油烟的餐饮服务业经营者未安装油烟净化设施、不正常使用油烟净化设施或者未采取其他油烟净化措施，超过排放标准排放油烟；

（12）在居民住宅楼、未配套设立专用烟道的商住综合楼、商住综合楼内与居住层相邻的商业楼层内新建、改建、扩建而产生油烟、异味、废气的餐饮服务项目；

（13）建筑土方、工程渣土、建筑垃圾未及时清运，或者未采用密闭式防尘网遮盖。

防范指引：

（1）采用先进适用技术，对秸秆、落叶等进行肥料化、饲料化、能源化、工业原料化、食用菌基料化等综合利用。

（2）农业生产经营者应当改进施肥方式，科学合理施用化肥并按照国家有关规定使用农药，减少氨、挥发性有机物等大气污染物的排放。

（3）畜禽养殖场、养殖小区应当及时对污水、畜禽粪便和尸体等进行收集、贮存、清运和无害化处理，防止排放恶臭气体。

（4）企业事业单位和其他生产经营者在生产经营活动中产生恶臭气体的，应当科学选址，设置合理的防护距离，并安装净化装置或者采取其他措施，防止排放恶臭气体。

（5）排放油烟的餐饮服务业经营者应当安装油烟净化设施并保持正常使用，或者采取其他油烟净化措施，使油烟达标排放，并防止对附近居民的正常生活环境造成污染。

（6）向大气排放持久性有机污染物的企业事业单位和其他生产经营者以及废弃物焚烧设施的运营单位，应当按照国家有关规定，采取有利于减少持久性有机污染物排放的技术方法和工艺，配备有效的净化装置，实现达标排放。

问题11　在村容村貌治理方面存在哪些法律风险？

风险分析：

（1）随处便溺、随意抛弃杂物、随意堆放畜禽粪便；

（2）随处张贴和喷涂广告；

（3）在村屯内违规堆放柴草垛、杂物堆；

（4）违规停放车辆、农用机械；

（5）违规搭建生产生活用房和畜禽养殖棚圈；

（6）侵占、损毁公共绿地、广场、道路及其配套设施；

（7）其他影响村容村貌的行为。

防范指引：

（1）改善村庄公共环境。全面清理私搭乱建、乱堆乱放，整治残垣断壁，通过集约利用村庄内部闲置土地等方式扩大村庄公共空间。

（2）科学管控农村生产生活用火，加强农村电力线、通信线、广播电视线“三线”维护梳理工作；有条件的地方推动线路违规搭挂治理。

（3）大力实施以“三清一改”（清理农村生活垃圾、清理村内塘沟、清理畜禽养殖粪污等农业生产废弃物，改变影响农村人居环境的不良习惯）为重点的村庄清洁行动，突出清理死角盲区，由“清脏”向“治乱”拓展，由村庄面上清洁向屋内庭院、村庄周边拓展，引导村民逐步养成良好卫生习惯。

（4）引导鼓励村民通过栽植果蔬、花木等开展庭院绿化，通过农村“四旁”（水旁、路旁、村旁、宅旁）植树推进村庄绿化，充分利用荒地、废弃地、边角地等开展村庄小微公园和公共绿地建设。

（5）加强村庄风貌引导，突出乡土特色和地域特点，不搞千村一面，不搞大拆大建。

问题 12　在农村生活垃圾处理过程中存在哪些法律风险？

风险分析：

（1）随意倾倒、抛撒、堆放或者焚烧农村生活垃圾；

（2）擅自关闭、闲置或者拆除农村生活垃圾处理设施、场所；

（3）在运输过程中沿途丢弃、遗撒农村生活垃圾；

（4）产生、收集厨余垃圾的单位和其他生产经营者未将厨余垃圾交由具备相应资质条件的单位进行无害化处理；

（5）畜禽养殖场、养殖小区利用未经无害化处理的厨余垃圾饲喂畜禽；

（6）在永久基本农田集中区域、生态保护红线区域和其他需要特别保护的区域内建设农村生活垃圾填埋场；

（7）农村生活垃圾处理单位未按照国家有关规定安装使用监测设备、实时监测污染物的排放情况并公开污染排放数据；

（8）未在指定的地点分类投放农村生活垃圾；

（9）在公路路面、公路用地、桥梁和涵洞两侧、铁路线路安全保护区倾倒、抛撒、堆放垃圾，造成损坏、污染，影响公路畅通和线路安全；

（10）在水源地保护区域建设农村生活垃圾填埋场或者向池塘、河流、湖泊、水库等水体倾倒垃圾。

防范指引：

（1）农村生活垃圾应当就近就地减量分类处理。

（2）易腐垃圾应当就近就地堆肥，发展生物质能源或者集中进行无害化处理。产生、收集厨余垃圾的单位和其他生产经营者，应当将厨余垃圾交由具备相应资质条件的单位进行无害化处理。

（3）可回收利用垃圾交再生资源回收企业或者个人回收。

（4）有害垃圾应当交由具备相应资质条件的单位进行无害化处理；属于危险废物的，按照国家有关规定处理。

（5）其他生活垃圾应当采取无害化方式处理。

（6）鼓励利用生化技术、焚烧发电等方式，综合处理农村生活垃圾。

（7）村民委员会通过制定村规民约、签订责任书等方式，开展农村生活垃圾的清扫、分类、投放等工作，督促村庄内的单位和个人做好村庄保洁工作。

（8）乡镇人民政府应当加强农村生活垃圾管理的宣传教育，倡导绿色、文明、健康生活方式，培育示范典型，对文明农户、卫生家庭、美丽庭院和美丽乡村示范村等予以表彰奖励。

（9）村民委员会应当对辖区内随意倾倒、抛撒、堆放或者焚烧农村生活垃圾的违法行为进行劝阻，并督促责任人对非法处理的垃圾及时清理；暂无法确定责任人的，村民委员会应当组织人员先行清理，清理费用可以依法向责任人追偿。

第五章　农村生产生活中的法律风险防范

问题1　从事农村养老服务过程中存在哪些法律风险？

风险分析：

（1）单位或者个人采用虚报、隐瞒、伪造等手段，骗取政府养老服务补贴；

（2）养老服务机构的经营者歧视、侮辱、虐待老年人以及其他侵害老年人人身和财产权益的行为；

（3）未按照核准的规划要求配套建设养老服务设施；

（4）擅自改变养老服务设施建设用地用途或者擅自改变政府投资、资助建设配置的养老服务设施使用性质；

（5）侵占、损坏、擅自拆除养老服务设施；

（6）养老服务机构利用养老服务设施开展与养老服务宗旨无关的活动；

（7）暂停、终止养老服务时未妥善安置入住的老年人；

（8）单位和个人涉嫌借养老服务名义实施非法集资、诈骗等违法行为。

防范指引：

（1）养老机构应当依法履行安全生产和消防安全主体责任，建立健全消防、安全值守、设施设备、食品药品等安全管理制度。

（2）民办养老机构和其他养老服务组织收费标准实行市场调节价，并接受政府有关部门和社会的监督。

（3）养老服务组织应当在醒目位置公示服务项目、收费标准。

（4）养老机构应当为老年人提供全日制集中住宿和照料护理等养老服务，主要包括下列内容：

①提供符合老年人居住条件的住房，配备适合老年人安全保护要求的设施、设备以及用具；

②提供符合食品安全要求、适宜老年人食用、有利于老年人营养平衡、符合民族风俗习惯的膳食；

③定期对老年人活动场所和所使用物品进行清洗消毒；

④开展适合老年人的文化、教育、体育、娱乐活动；

⑤根据需要为老年人提供生活照料、精神慰藉等服务，医养结合机构根据需要为老年人提供医疗保健、康复护理、安宁疗护等服务。

● 问题 2　在农村从事殡葬业过程中存在哪些法律风险？

风险分析：

（1）在耕地、林地建造坟墓；

（2）在城市公园、风景名胜区和文物保护区建造坟墓；

（3）在水库及河流堤坝附近和水源保护区建造坟墓；

（4）在铁路、公路主干线两侧建造坟墓；

（5）农村的公益性墓地对村民以外的其他人员提供墓穴用地；

（6）建立或者恢复宗族墓地；

（7）未经批准，擅自兴建殡葬设施；

（8）墓穴占地面积超过省、自治区、直辖市人民政府规定的标准；

（9）办理丧事活动妨害公共秩序、危害公共安全、侵害他人合法权益；

（10）在允许土葬的地区，禁止在公墓和农村的公益性墓地以外的其他任何地方埋葬遗体、建造坟墓；

（11）将应当火化的遗体土葬，或者在公墓和农村的公益性墓地以外的其他地方埋葬遗体、建造坟墓。

防范指引：

（1）办理丧事活动，不得妨害公共秩序、危害公共安全、侵害他人合法权益。

（2）公墓的建立与管理应当按国家有关规定办理审批手续。严禁任何单位和个人非法建造经营性公墓和公益性公墓。

（3）农村墓地应当选用荒山瘠地，不得占用耕地、林地，不得在风景名胜区，文物保护区，水库及湖泊、河流堤坝附近，水源保护区，以及铁路、公路主干线两侧建设墓地。

● 问题3　在承办农村集体聚餐中存在哪些法律风险？

风险分析：

（1）承接未向本乡镇人民政府报告的每餐次就餐人数100人以上的农村集体聚餐；

（2）在不符合规定的场所加工制作农村集体聚餐；

（3）利用不合格食品原辅材料加工制作食品；

（4）使用亚硝酸盐、非食用物质和滥用食品添加剂；

（5）使用野生菌、发青发芽土豆、新鲜生黄花、四季豆等高风险食品原材料；

（6）提供无合法来源的散装白酒。

防范指引：

（1）专业加工服务者承接农村集体聚餐加工服务，应向举办者出示登记证明以及从业人员健康证明。

（2）专业加工服务者与举办者签订农村集体聚餐食品安全责任协议，明确双方权利和义务。

（3）承接大型农村集体聚餐时，应提前向当地村民委员会报备。

（4）按照食品安全的相关要求，协助举办者选择集体聚餐加工场所、采购符合要求的食品原辅材料。

（5）在餐饮食品制作加工过程中严格遵守《餐饮服务食品安全操作规范》，加强对易引发食品安全事故的重点品种和关键环节的管理。

（6）督促、配合集体聚餐举办者按要求做好食品留样，供餐的每种食品应在冷藏条件下存放48小时以上，留样食品应按品种分别盛放在清洗消毒后的容器内，每个品种的留样量应能满足检验检测需要，并记录留样食品名称、留样量、留样时间、留样人员等，留样食品不得进行再加热。

（7）农村集体聚餐举办者、承办者应加强农药、鼠药、醇基燃料等有毒有害物质的管理，不得在食品加工场所及就餐场所放置有毒有害物质；加工好的食物应妥善保存，严防投毒等不安全因素，并做到防鼠、防蝇、防尘。

● 问题4　在从事乡村旅游业过程中存在哪些法律风险？

风险分析：

（1）未取得旅行社经营许可、旅游客运经营许可、导游证，从事乡村旅游经营服务活动；

（2）冒用旅行社、旅游集散中心、公共交通客运企业等名义，利用公交站牌、互联网、旅游地图等媒介或者在旅馆、车站等公共场所，发布虚假信息，非法揽客；

（3）以不合理低价揽客，并在旅游行程中向旅游者索要合同约定以外的费用；

（4）未设置区域界限标识、服务设施标识、游览导向标识，对具有危险性的区域和项目未设立明显的安全警示标识或者未采取必要的防护措施；

（5）景区在旅游者数量可能达到最大承载量时，未依照规定公告或者未向所在地区人民政府报告，未及时采取疏导、分流等措施，或者超过最大承载量接待旅游者；

（6）在景区内及其周边地区，追逐、拦截旅游者，索要物品，推销商品或者服务；

（7）未向旅游者提供有关商品的真实信息，销售假冒伪劣商品，或者利用虚假、引人误解的价格诱骗旅游者进行交易。

防范指引：

（1）乡村旅游经营者应当保护景观、植被、地形地貌，保持环境整洁，对损坏旅游设施、乱写乱画和喧哗等行为及时制止，为旅游者提供良好的游览环境。

（2）乡村旅游项目中的特种设备的使用、检验、检测和安全监督管理，依照《特种设备安全法》等有关法律、法规、规章执行。

（3）乡村旅游产业集聚区、景区、景区村庄应当健全消费维权网络和咨询服务、调查、调解等工作机制，及时化解旅游消费纠纷。

（4）乡村旅游经营者应当依法以明示的方式事先向旅游者作出说明或者警示，保障旅游安全。

（5）乡村旅游经营者应当依法明码标价，并事先向旅游者说明计价单位、方式等。

（6）乡村旅游经营者应当根据接待需要，按照规定标准，建设停车场、免费公共厕所以及符合环境卫生、通信、安全保障、无障碍等要求的配套服务设施。

（7）乡村旅游经营者应当加强对景区范围内商品销售、餐饮、住宿和演艺等经营单位的管理，维护景区经营秩序。

问题5　在经营乡村物流快递业务过程中存在哪些法律风险？

风险分析：

（1）未经许可，在农村设立寄递物流并经营快递业务；

（2）盗窃、冒领、私自开拆、隐匿、毁弃或者非法扣留、检查他人快件；

（3）违法泄露在从事快递服务过程中知悉的用户信息；

（4）寄递各种危害国家安全和社会政治稳定以及淫秽的出版物、宣传品、印刷品等以及其他危害公共安全的物品。

防范指引：

（1）从事快递经营活动的，应当符合企业法人条件，并依法取得快递业务经营许可。快递经营企业开设分支机构和末端网点的，应当按照有关规定备案。

（2）经营快递业务的企业提供的快递运单，应当在显著位置注明赔偿条款、特殊约定等涉及快递用户权益的相关内容。

（3）快递经营企业应当遵守《个人信息保护法》等法律、法规规定，建立数据安全管理制度，加强数据安全管理，采取有效技术手段保证寄件人、收件人信息安全。

（4）快递经营企业应当依法建立并执行实名收寄、收寄验视、安全检查制度，确保寄递安全。

（5）快递点发现寄件人交寄禁止寄递物品的，应当拒绝收寄；发现已经收寄的快件中有疑似禁止寄递物品的，应当立即停止分拣、运输、投递。对快件中依法应当没收、销毁或者可能涉及违法犯罪的物品，经营快递业务的企业应当立即向有关部门报告并配合调查处理；对其他禁止寄递物品以及限制寄递物品，经营快递业务的企业应当按照国家有关规定处理。

● 问题6　在经营农村电商业务过程中存在哪些法律风险？

风险分析：

（1）电子商务经营者未取得相关行政许可从事经营活动，或者销售、提供法律、行政法规禁止交易的商品、服务；

（2）电子商务经营者销售商品或者提供服务，不履行合同义务或者履行合同义务不符合约定，或者造成他人损害；

（3）销售仿冒其他知名品牌商标的产品，侵害了他人的商标权；

（4）电子商务经营者未在首页显著位置公示营业执照信息、行政许可信息、属于不需要办理市场主体登记情形等信息，或者上述信息的链接标识的；

（5）电子商务经营者销售的商品或者提供的服务不符合保障人身、财产安全的要求；

（6）电子商务经营者实施虚假或者引人误解的商业宣传等不正当竞争行为，滥用市场支配地位，或者实施侵犯知识产权、侵害消费者权益等行为；

（7）电子商务经营者以虚构交易、编造用户评价等方式进行虚假或者引人误解的商业宣传，欺骗、误导消费者。

防范指引：

（1）电子商务经营者从事经营活动，依法需要取得相关行政许可的，应当依法取得行政许可。

（2）电子商务经营者销售的商品或者提供的服务应当符合保障人身、财产安全的要求和环境保护要求，不得销售或者提供法律、行政法规禁止交易的商品或者服务。

（3）电子商务经营者销售商品或者提供服务，应当依法出具纸质发票或者电子发票等购货凭证或者服务单据。

（4）电子商务经营者应当在其首页显著位置持续公示营业执照信息、与其经营业务有关的行政许可信息或者上述信息的链接标识。

（5）电子商务经营者应当全面、真实、准确、及时地披露商品或者服务信息，保障消费者的知情权和选择权。

（6）电子商务经营者根据消费者的兴趣爱好、消费习惯等特征向其提供商品或者服务的搜索结果的，应当同时向该消费者提供不针对其个人特征的选项，尊重和平等保护消费者合法权益。

（7）电子商务经营者向消费者发送广告的，应当遵守《广告法》的有关规定。

（8）电子商务经营者搭售商品或者服务，应当以显著方式提醒消费者注意，不得将搭售商品或者服务作为默认同意的选项。

（9）电子商务经营者应当按照承诺或者与消费者约定的方式、时限向消费者交付商品或者服务，并承担商品运输中的风险和责任。

（10）电子商务经营者因其技术优势、用户数量、对相关行业的控制能力以及其他经营者对其在交易上的依赖程度等因素而具有市场支配地位的，不得滥用市场支配地位，排除、限制竞争。

（11）电子商务经营者收集、使用其用户的个人信息，应当遵守法律、行政法规有关个人信息保护的规定。

● 问题7　在从事乡村“直播带货”业务过程中存在哪些法律风险？

风险分析：

（1）从事网络直播营销活动未取得相关行政许可；

（2）发布虚假或者引人误解的信息，欺骗、误导用户；

（3）直播间运营者、直播营销人员对违反法律法规、违背公序良俗或者与所链接的商品、服务不符的内容进行直播；

（4）营销假冒伪劣、侵犯知识产权或不符合保障人身、财产安全要求的商品；

（5）虚构或者篡改交易、关注度、浏览量、点赞量等数据流量造假；

（6）知道或应当知道他人存在违法违规或高风险行为，仍为其推广、引流；

（7）骚扰、诋毁、谩骂及恐吓他人，侵害他人合法权益；

（8）传销、诈骗、赌博、贩卖违禁品及管制物品等。

防范指引：

（1）从事网络直播营销活动，依法需要取得相关行政许可的，应当依法取得行政许可。

（2）直播间运营者、直播营销人员应当对电子商务经营者提供的直播内容予以审核，并对直播内容与所链接的商品或者服务是否相符予以核验。

（3）直播间运营者、直播营销人员从事网络直播营销活动，应当遵守法律法规和国家有关规定，遵循社会公序良俗，真实、准确、全面地发布商品或服务信息。

（4）直播间运营者、直播营销人员发布的直播内容构成商业广告的，应当依法履行和承担广告主、广告发布者、广告经营者或者广告代言人的义务和责任。

（5）直播营销人员不得在涉及国家安全、公共安全、影响他人及社会正常生产生活秩序的场所从事网络直播营销活动。

（6）直播间运营者、直播营销人员应当依据平台服务协议做好语音和视频连线、评论、弹幕等互动内容的实时管理，不得以删除、屏蔽相关不利评价等方式欺骗、误导用户。

（7）直播间运营者应当对商品和服务供应商的身份、地址、联系方式、行政许可、信用情况等信息进行核验，并留存相关记录备查。

（8）直播间运营者、直播营销人员应当依法依规履行消费者权益保护责任和义务，不得故意拖延或者无正当理由拒绝消费者提出的合法合理要求。

问题8　在农产品生产、销售过程中存在哪些法律风险？

风险分析：

（1）农产品生产企业、农民专业合作经济组织未建立或者未按照规定保存农产品记录的，或者伪造农产品生产记录；

（2）销售的农产品未按照规定进行包装、标识；

（3）销售的农产品中含有国家禁止使用的农药、兽药或者其他化学物质的，或农药、兽药等化学物质残留或者含有的重金属等有毒有害物质不符合农产品质量安全标准；

（4）销售的农产品中含有的致病性寄生虫、微生物或者生物毒素不符合农产品质量安全标准；

（5）销售的农产品中使用的保鲜剂、防腐剂、添加剂等材料不符合国家有关强制性的技术规范。

防范指引：

（1）农产品生产企业和农民专业合作经济组织应当建立农产品生产记录，如实记载使用农业投入品的名称、来源、用法、用量和使用、停用的日期，动物疫病、植物病虫草害的发生和防治情况，以及收获、屠宰或者捕捞的日期。

（2）农产品生产企业和农民专业合作经济组织，应当自行或者委托检测机构对农产品质量安全状况进行检测；经检测不符合农产品质量安全标准的农产品，不得销售。

（3）农产品生产企业、农民专业合作经济组织以及从事农产品收购的单位或者个人销售的农产品，按照规定应当包装或者附加标识的，须经包装或者附加标识后方可销售。包装物或者标识上应当按照规定标明产品的品名、产地、生产者、生产日期、保质期、产品质量等级等内容；使用添加剂的，还应当按照规定标明添加剂的名称。

（4）农产品在包装、保鲜、贮存、运输中所使用的保鲜剂、防腐剂、添加剂等材料，应当符合国家有关强制性的技术规范。

（5）销售的农产品必须符合农产品质量安全标准，对于蔬菜、禽蛋、水产品、生猪、牛羊肉等农产品，不得使用禁限用农药、禁用兽药及其他化合物。严禁不执行安全间隔期和休药期制度，防止上市农产品农药、兽药残留超标。严禁私屠滥宰、屠宰病死猪、注水注药等违法行为。

问题9　在农村从事养殖过程中存在哪些法律风险？

风险分析：

（1）在禁止养殖区内设立养殖场或者在控制养殖区内新建小型养殖场的；

（2）水禽与旱禽、家禽与家畜混养的；

（3）未对散养畜禽实行圈养；

（4）抛弃、销售、加工病死畜禽；

（5）销售和收购未经强制免疫或者未加施免疫标识畜禽；

（6）未按照规定对染疫畜禽和病害畜禽养殖废弃物进行无害化处理；

（7）将畜禽养殖废弃物用作肥料，超出土地消纳能力，造成环境污染；

（8）从事畜禽养殖活动或者畜禽养殖废弃物处理活动，未采取有效措施，导致畜禽养殖废弃物渗出、泄漏；

（9）排放畜禽养殖废弃物不符合国家或者地方规定的污染物排放标准或者总量控制指标，或者未经无害化处理直接排放畜禽养殖废弃物。

防范指引：

（1）根据《畜牧法》《畜禽规模养殖污染防治条例》的规定，畜禽养殖场应当按照国家和本市畜禽养殖技术标准进行饲养，严格执行相关生产技术标准，建立完善质量控制措施，并有完整的生产和销售记录，向所在地畜牧兽医管理部门备案。

（2）从事种畜禽生产经营或者生产商品代仔畜、雏禽的单位、个人，应当依法取得种畜禽生产经营许可证。

（3）畜禽饲养人员应当定期进行健康检查，患有人畜共患病的人员不得从事畜禽饲养工作；禁止水禽与旱禽、家禽与家畜混养。

（4）农户利用房前屋后空地零星饲养的畜禽应当圈养，并接受畜牧兽医管理部门的指导。畜禽养殖场和散养畜禽的农户应当按照国家规定，对病、死畜禽进行无害化处理，禁止抛弃、销售和加工病、死畜禽。

（5）畜禽养殖场应当设置符合环保要求的畜禽粪便堆放场所，实行无害化处理，并采取有效措施，防止畜禽粪便的散落、溢流，并做好畜禽疫病的防治工作。畜禽养殖场不得向水体等环境直接排放畜禽粪便、污水等污染物。

问题10 在农村病虫害治理过程中存在哪些法律风险？

风险分析：

（1）瞒报、谎报农作物病虫害监测信息，授意他人编造虚假信息或者阻挠他人如实报告；

（2）擅自向境外组织或个人提供未发布的农作物病虫害监

测信息；

（3）侵占、损毁、拆除、擅自移动农作物病虫害监测设施设备，或者以其他方式妨害农作物病虫害监测设施设备正常运行；

（4）专业化病虫害防治服务组织不具备相应的设施设备、技术人员、田间作业人员以及规范的管理制度。

防范指引：

（1）有关单位和个人开展农作物病虫害防治使用农药时，应当遵守农药安全、合理使用制度，严格按照农药标签或者说明书使用农药。

（2）农田除草时，应当防止除草剂危害当季和后茬作物；农田灭鼠时，应当防止杀鼠剂危害人畜安全。

（3）田间作业人员应当正确识别服务区域的农作物病虫害，并正确掌握农药适用范围、施用方法、安全间隔期等专业知识以及田间作业安全防护知识。

第二编

农村基层组织各项职责清单

党的十八大以来，党和国家提出了“健全基层党组织领导的充满活力的基层群众自治机制”等一系列完善基层社会治理的政策要求。中共中央办公厅、国务院办公厅印发《关于深入推进农村社区建设试点工作的指导意见》提出“依法确定乡镇政府与村民委员会的权责边界，促进基层政府与基层群众自治组织有效衔接、良性互动”。中共中央、国务院《关于加强和完善城乡社区治理的意见》要求“依法厘清街道办事处（乡镇政府）和基层群众性自治组织权责边界，明确基层群众性自治组织承担的社区工作事项清单以及协助政府的社区工作事项清单”。中共中央办公厅、国务院办公厅印发《关于加强乡镇政府服务能力建设的意见》要求“厘清乡镇政府和村（居）民委员会、农村集体经济组织的权责边界”。

为贯彻落实上述文件精神，改进社会治理方式，规范村民委员会职责事项，清晰界定基层权责边界，实现政府治理、社会自我调节和居民自治的良性互动，我们起草了村民委员会工作职责清单。村民委员会群众自治工作职责事项，是指法律、法规、规章规定由村民委员会承担的事项；村民委员会协助政府工作职责事项，是指法律、法规、规章规定由村民委员会协助完成的行政事务事项。我们希望通过这一方式为广大农村基层组织不断提高治理效能提供参考。

2022 年 8 月，中共中央办公厅、国务院办公厅印发了《关于规范村级组织工作事务、机制牌子和证明事项的意见》，明确提出“改进村级组织出具证明工作”“压减和规范村级组织出具证明事项”。为深入贯彻落实党中央关于减轻基层负担的决策部署，我们起草了《由基层群众性自治组织出具的证明事项清单》和《不应由基层群众性组织出具的证明事项清单》。凡缺乏法律法规或国务院决定等依据的证明事项，村级组织不再出具相关证明。但涉及村民群众工作、学习、生活等仍需出具证明的，村级组织可本着便利村民群众办事创业的原则，对能够核实的事项据实出具相关证明。

一、村民委员会群众自治工作职责事项清单

村民委员会群众自治工作职责事项、分类及依据如表1所示。

表1　村民委员会群众自治工作事项

序号	类别	事项内容	职责依据
1	接受领导、指导和监督	服从、接受中国共产党农村基层组织的领导，由村民委员会提请村党组织讨论和决定本村经济建设、政治建设、文化建设、社会建设、生态文明建设和党的建设以及乡村振兴中的重要问题	《村民委员会组织法》第4条，《乡村振兴促进法》第42条，《中国共产党农村基层组织工作条例》第10条
		接受各级人民政府民政部门的指导、监督；接受乡镇人民政府的工作指导、支持和帮助，协助开展相关工作	《村民委员会组织法》第5条，《乡村振兴促进法》第44～45条

续表

序号	类别	事项内容	职责依据
1	接受领导、指导和监督	接受由县级人民政府农业部门、财政部门或者乡级人民政府组织开展的村民委员会成员任中和离任经济责任审计及其他专项审计，配合开展相关审计工作	《村民委员会组织法》第35条，《农村集体经济组织审计规定》第10条
		在乡镇人民政府指导和支持下，健全村民委员会民主决策机制和村务公开制度，增强村民自我管理、自我教育、自我服务、自我监督能力	《乡村振兴促进法》第45条
2	接受监督	接受村务监督机构和村民监督，配合开展相关监督工作	《村民委员会组织法》第10条、第32条
		每年接受一次村民会议或者村民代表会议对村民委员会履行职责情况的民主评议	《村民委员会组织法》第33条
3	民主管理	遵守宪法、法律、法规和国家政策，履行法律法规规定的职责，依法办事，办事公道，廉洁奉公	《村民委员会组织法》第10条
		向村民会议、村民代表会议负责并报告工作，召集村民会议和村民代表会议，执行村民会议、村民代表会议的决定、决议	《村民委员会组织法》第2条、第10条、第21条、第26条

续表

序号	类别	事项内容	职责依据
3	民主管理	遵守并组织实施村民自治章程和村规民约	《村民委员会组织法》第10条
		引导村民合理利用自然资源，保护和改善生态环境	《村民委员会组织法》第8条
		负责人民调解、治安保卫、公共卫生、计划生育、公共福利、群众文体等工作	《宪法》第111条，《村民委员会组织法》第7条
		建立健全村财务管理制度，做好年度财务预决算工作，规范管理本村财务、政府拨款和捐赠资金，建立健全民主理财制度；定期向村民会议或者村民代表会议报告财务收支情况	《中国共产党农村基层组织工作条例》第10条、第14条，中共中央、国务院《关于稳步推进农村集体产权制度改革的意见》
		建立和完善村务档案管理制度，健全相应的工作制度，明确领导、健全机制、保障经费，规范整理和统一妥善保管村务档案，并做到真实、安全、完整和规范；方便村民查阅村务公开档案	《村民委员会组织法》第34条，《村级档案管理办法》第4条
		农村宅基地相关手续审核	《土地管理法》第62条
		实行村务公开制度；实行事前、事中、事后全过程公开，保障村民的知情权、决策权、参与权、监督权	《村民委员会组织法》第30条

续表

序号	类别	事项内容	职责依据
4	民主决策	发扬民主，实行少数服从多数的民主决策机制和公开透明的工作原则，建立健全各种工作制度；建立印章使用的审批、登记、备案、移交制度	《村民委员会组织法》第29条，民政部、公安部《关于规范村民委员会印章制发使用和管理工作的意见》
5	民主选举	在各级党委的领导下，在各区和乡、镇人民政府的组织实施下，在各级民政部门的指导下，依法依规按时换届选举；因特殊情况需要提前或者延期换届的，由村民委员会提出申请并提交村民会议或者村民代表会议讨论审议	《村民委员会组织法》第11条，《村民委员会选举规程》
		维护村民的合法权益，保障和维护村民选举权和被选举权	《村民委员会组织法》第1条、第9条、第13条
6	民主监督	在村党组织的领导下，支持和配合在村成立村务监督委员会，并支持和配合其开展村民民主理财、监督村务公开等工作	《村民委员会组织法》第32条，中共中央办公厅、国务院办公厅《关于建立健全村务监督委员会的指导意见》

续表

序号	类别	事项内容	职责依据
6	民主监督	收集村民对党委政府和村务管理等的意见、投诉，向当地人民政府反映村民的意见、要求和提出建议	《宪法》第111条，《村民委员会组织法》第2条
7	服务群众	在村党组织的领导下，加强农村社会管理，促进村民之间、村庄之间的团结互助，互相尊重	《中国共产党章程》第33条，《村民委员会组织法》第9条
		调解民间纠纷，协助维护社会治安；宣传法律、法规和方针、政策，采取多种形式对所在地村民开展经常性的法治宣传教育	《村民委员会组织法》第2条
		贯彻落实男女平等基本国策，做好计划生育工作	《村民委员会组织法》第9条
		发展文化教育，普及科技知识	《村民委员会组织法》第9条
		根据居民的需求开展群众性文化体育活动，并协助当地人民政府有关部门开展公共文化服务相关工作	《公共文化服务保障法》第37条
		移风易俗，树立社会主义新风尚，培育和弘扬社会主义核心价值观	《村民委员会组织法》第9条
		组织开展健身活动，协助政府做好相关工作	《全民健身条例》第17条

续表

序号	类别	事项内容	职责依据
7	服务群众	为乡村医生开展工作和学习提供条件，保证乡村医生接受培训和继续教育	《乡村医生从业管理条例》第32条
		推动、帮助村农业技术服务站点和农民技术人员开展工作	《农业技术推广法》第15条
		土地经营权流转发生争议或者纠纷的，当事人可以协商解决，也可以请求村民委员会进行调解	《农村土地经营权流转管理办法》第33条
		做好所属范围内的残疾人工作，代为办理困难残疾人生活补贴和重度残疾人护理补贴申请事宜	《残疾人保障法》第7条，国务院《关于全面建立困难残疾人生活补贴和重度残疾人护理补贴制度的意见》第3条
		及时了解掌握辖区内居民的生活情况，发现可能符合特困人员救助供养条件的，应当告知其救助供养政策，对因无民事行为能力或者限制民事行为能力等原因无法提出申请的，应当主动帮助其申请	《特困人员认定办法》第11条
		加强留守老年人关爱服务工作	民政部《关于加强农村留守老年人关爱服务工作的意见》第3条

续表

序号	类别	事项内容	职责依据
7	服务群众	依精神障碍患者或者其监护人的请求，对监护人看护患者提供必要的帮助；为生活困难的精神障碍患者家庭提供帮助；为患者融入社会创造条件	《精神卫生法》第49条、第56条
		为返乡、入乡人员和各类人才提供必要的生产生活服务	《乡村振兴促进法》第28条
		办理本居住地区村民的公共事务和公益事业	《宪法》第111条，《村民委员会组织法》第2条
		支持服务性、公益性、互助性社会组织开展活动	《村民委员会组织法》第9条
		维护以家庭承包经营为基础、统分结合的双层经营体制，保障集体经济组织和村民、承包经营户、联户或者合伙的合法财产权	《村民委员会组织法》第8条
		提高村民思想道德素质和科学文化水平	中共中央办公厅、国务院办公厅《关于加强和改进乡村治理的指导意见》
		热心为村民服务，接受村民政策法规、办事指南等咨询	《村民委员会组织法》第10条

续表

序号	类别	事项内容	职责依据
7	服务群众	协助法律援助机构核查申请人的经济困难状况	《法律援助法》第41条
		做好公共卫生与计划生育工作	《村民委员会组织法》第7条
		做好卫生健康宣传教育工作	《基本医疗卫生与健康促进法》第67条
		组织村民参与疾病预防控制工作，做好疫情排查上报，组织群众接种疫苗	《突发公共卫生事件应急条例》第40条
		开展精神卫生工作	《精神卫生法》第10条、第20条
		协助做好集体土地征收及各类补偿费用的日常管理工作	《土地管理法》第46~48条，《中国共产党农村基层组织工作条例》第10条、第14条
		城乡居民养老保险基金集体补助标准的确定	国务院《关于建立统一的城乡居民基本养老保险制度的意见》

续表

序号	类别	事项内容	职责依据
8	卫生计生	对全面两孩政策调整前的独生子女家庭和农村计划生育双女家庭，配合做好各项奖励扶助制度，落实优惠政策	中共中央、国务院《关于优化生育政策促进人口长期均衡发展的决定》第22条，《关于开展对农村部分计划生育家庭实行奖励扶助制度试点工作的意见》，《计划生育村民自治规范》第6条
9	权益维护	土地经营权流转发生争议或者纠纷的，当事人可以协商解决，也可以请求村民委员会、乡（镇）人民政府等进行调解	《农村土地经营权流转管理办法》第33条
		村民委员会、农村集体经济组织应当为返乡、入乡人员和各类人才提供必要的生产生活服务	《乡村振兴促进法》第28条
		制定和落实保障妇女权益的各项制度和措施，消除对妇女一切形式的歧视，保障妇女享有与男子平等的权利和依法享有的特殊权益；在制定村民自治章程、村规民约或者讨论决定土地承包、集体经济组织收益分配、土地征收或者征用补偿费使用分配等事项时，应当保障本集体经济组织中的妇女享有与男子平等的权利，不得歧视未婚、结婚、离婚、丧偶的妇女	《妇女权益保障法》第4条、第55条、第56条

续表

序号	类别	事项内容	职责依据
9	权益维护	对于无民事行为能力或者限制民事行为能力的成年人，愿意担任监护人的个人或者组织，须经被监护人住所地的村民委员会同意；对担任监护人有争议的，村民委员会可以在近亲属中指定监护人；没有配偶、父母、成年子女、其他近亲属，且关系密切的其他亲属、朋友不愿意承担监护责任的，村民委员会可以担任其监护人；因发生突发事件等紧急情况，监护人暂时无法履行监护职责，被监护人的生活处于无人照料状态的，被监护人住所地的村民委员会或者民政部门应当为被监护人安排必要的临时生活照料措施	《民法典》第 28 条、第 31 条、第 32 条、第 34 条
		对家庭暴力、虐待或者遗弃家庭成员等行为予以劝阻和调解；发现无民事行为能力人、限制民事行为能力人遭受或者疑似遭受家庭暴力的，应当及时向公安机关报案；对收到告诫书的加害人、受害人进行查访；对无民事行为能力人、限制民事行为能力人，或者无法申请人身安全保护令的受害人，可以代为申请人身安全保护令；协助法院执行人身安全保护令	《民法典》第 1042 条、第 1079 条，《反家庭暴力法》第 4 条、第 14 条、第 17 条、第 23 条、第 32 条

续表

序号	类别	事项内容	职责依据
10	拥军优属	将国防教育纳入农村社会主义精神文明建设的内容，结合征兵工作、拥军优属以及重大节日、纪念日活动，对村民进行国防教育	《国防教育法》第21条
		对生活困难的退役军人按照国家有关规定给予帮扶援助，向残疾退役军人按照残疾等级发放残疾抚恤金	《退役军人保障法》第55条、第56条
		农村一般以行政村为单位编民兵连或者营	《民兵工作条例》第11条
		按照征兵政治审查工作的有关规定，根据县、市征兵办公室的安排和要求，对体格检查合格的应征公民认真进行政治审查，重点查清他们的现实表现	《征兵工作条例》第21条
		自主就业的退役士兵回入伍时户口所在地落户，属于农村集体经济组织成员但没有承包农村土地的，帮助退役士兵优先解决农村土地承包问题	《退役士兵安置条例》第26条
11	发展集体经济	发展各种形式的合作经济和其他经济，承担本村生产的服务和协调工作，促进农村生产建设和经济发展	《村民委员会组织法》第8条

续表

序号	类别	事项内容	职责依据
11	发展集体经济	依照法律、法规规定，管理本村属于村民集体所有的土地和其他财产	《村民委员会组织法》第8条，《土地管理法》第10条，《农村土地承包法》第12条
		村集体资源性资产、经营性资产、非经营性资产的开发、经营、管理，村集体经济组织的项目确定和收益分配管理	《中国共产党农村基层组织工作条例》第10条、第14条，中共中央、国务院《关于稳步推进农村集体产权制度改革的意见》
12	宣传教育	宣传宪法、法律、法规和国家政策，教育和推动村民履行法律规定的义务，维护村民合法权益	《村民委员会组织法》第9条，《中国共产党农村基层组织工作条例》第10条
		教育村民依法履行纳税、服兵役、义务教育、计划生育等义务，教育村民尊老爱幼、扶贫帮困，教育村民爱护公共财产和设施	《村民委员会组织法》第9条

二、村民委员会协助政府工作职责事项清单

村民委员会协助政府工作职责事项、分类及依据如表2所示。

表2　村民委员会协助政府工作职责事项

序号	类别	事项内容	职责依据
1	文化建设	协助政府做好全民健身相关工作，开展适合农村特点的体育活动	《体育法》第22条，《全民健身条例》第17条
		协助政府做好义务教育工作，督促适龄儿童、少年入学，协助组织、开展扫除文盲的教育工作	《村民委员会组织法》第9条，《义务教育法》第13条，《扫除文盲工作条例》第3条
		农村为村民设置公益性墓地，经乡级人民政府审核同意后，报县级人民政府民政部门审批	《殡葬管理条例》第8条
		在文物行政主管部门指导下开展相应的文物保护工作	《文物保护法实施条例》第12条
		协助政府开展农村综合性文化服务中心建设，推进农村公共文化建设	国务院办公厅《关于推进基层综合性文化服务中心建设的指导意见》

续表

序号	类别	事项内容	职责依据
2	应急救灾	协助各级人民政府开展有关突发事件应急知识的宣传普及活动和必要的应急演练；突发事件发生时，按照当地人民政府的决定、命令进行宣传动员，组织群众开展自救和互救，协助维护社会秩序	《突发事件应对法》第29条、第55条
		协助人民政府及公安机关等部门宣传消防法律、法规和规章，普及消防常识，开展消防安全检查；组织村民清理堵塞公共通道的杂物，消除火灾隐患，制定消防安全公约并督促村民遵守；组织村民扑救火灾，维护火场秩序，协助调查火灾原因	《消防法》第6条、第32条、第41条
		协助本地人民政府做好防灾减灾应急知识的宣传和自然灾害应急演练及救灾工作；加强地质灾害险情的巡回检查，发现险情及时处理和报告	《自然灾害救助条例》第6条，《地质灾害防治条例》第15条
		村级救灾、救济等慰问款物发放	《自然灾害救助条例》第20条、第26条
3	治安保卫	协助、配合有关部门开展反恐怖主义工作，发现恐怖活动嫌疑或者恐怖活动嫌疑人员的，应当及时向公安机关或者有关部门报告	《反恐怖主义法》第9条

续表

序号	类别	事项内容	职责依据
3	治安保卫	协助人民政府以及公安机关等部门开展禁毒宣传、毒品预防、戒毒、康复等工作；加强对村级组织成员的禁毒宣传教育；发现非法种植毒品原植物的，及时予以制止、铲除，并向当地公安机关报告	《禁毒法》第16条、第17条、第19条
		在当地人民政府指导下，协助有关部门查处传销行为	《禁止传销条例》第12条
		协助有关部门做好被判处管制、被宣告缓刑、被暂予监外执行、被裁定假释的罪犯和刑满释放后继续被剥夺政治权利人员的社区矫正工作	《社区矫正法》第6条，《社区矫正法实施办法》第3条
		协助食品药品监管执法、隐患排查、信息报告、宣传引导等	国务院《关于地方改革完善食品药品监督管理体制的指导意见》
		协助做好居住证的申领受理、发放等工作	《居住证暂行条例》第8条
		积极发现辖区内的疑似精神障碍患者，可应其家属请求协助其就医	《全国精神卫生工作规划（2015—2020年）》

续表

序号	类别	事项内容	职责依据
3	治安保卫	协助公安、安全生产监督等行政管理部门组织开展禁止燃放烟花爆竹的宣传、教育工作	《烟花爆竹安全管理条例》第29条
		按照森林火灾应急预案和森林火灾应急处置办法的规定，协助做好森林火灾应急处置工作	《森林防火条例》第16条
		进一步加强对学生保护工作的正面宣传引导，切实防治学生欺凌和暴力事件的发生	教育部等九部门《关于防治中小学生欺凌和暴力的指导意见》第11条
		发现所在区域有涉嫌非法集资行为的，应当向当地人民政府、处置非法集资牵头部门或者其他有关部门报告	《防范和处置非法集资条例》第17条
		公安部门要加强出租住房治安管理和住房租赁当事人居住登记，督促指导村民委员会排查安全隐患	国务院办公厅《关于加快培育和发展住房租赁市场的若干意见》
		依法协助人民政府管理宗教事务	《宗教事务条例》第6条

续表

序号	类别	事项内容	职责依据
3	治安保卫	有关部门应当动员、依靠村民委员会，共同开展反有组织犯罪工作	《反有组织犯罪法》第6条
		国家机关、人民团体、社会组织、企业事业单位、村民委员会、学校、家庭等各负其责、相互配合，共同做好预防未成年人犯罪工作，及时消除滋生未成年人违法犯罪行为的各种消极因素，为未成年人身心健康发展创造良好的社会环境	《预防未成年人犯罪法》第4条
		国家机关、村民委员会、密切接触未成年人的单位及其工作人员，在工作中发现未成年人身心健康受到侵害、疑似受到侵害或者面临其他危险情形的，应当立即向公安、民政、教育等有关部门报告	《未成年人保护法》第11条
4	社会保障	协助基层医疗卫生机构和公安部门做好人口死亡医学证明签发使用和信息登记，协助公安部门对死因可疑者进行调查	原国家卫生和计划生育委员会、公安部、民政部《关于进一步规范人口死亡医学证明和信息登记管理工作的通知》

续表

序号	类别	事项内容	职责依据
4	社会保障	协助做好有关社会救助工作	《社会救助暂行办法》
		协助办理收养子女委托手续	《中国公民收养子女登记办法》第4条、第5条
		协助有关部门开展农村富余劳动力转移就业培训	《就业促进法》第49条
		为生活困难的精神障碍患者家庭提供帮助，并向所在地乡镇人民政府以及县级人民政府有关部门反映患者及其家庭的情况和要求，帮助其解决实际困难，为患者融入社会创造条件	《精神卫生法》第56条
		协助镇人民政府做好居家养老服务工作；调解老年人与家庭成员因赡养、扶养或者住房等财产发生的纠纷；对侵害老年人合法权益的，给予批评教育	《老年人权益保障法》第7条、第20条、第24条、第38条
		协助做好防止返贫动态监测工作	《乡村振兴促进法》第59条

续表

序号	类别	事项内容	职责依据
5	卫生计生	协助卫生行政主管部门和其他有关部门、医疗卫生机构做好疫情信息的收集和报告、人员的分散隔离、公共卫生措施的落实工作；向村民宣传传染病防治的相关知识；配合有关部门开展与预防接种有关的宣传、教育工作，并协助组织村民受种疫苗；协助地方各级人民政府和政府有关部门开展有关艾滋病防治的法律、法规、政策和知识的宣传教育，发展有关艾滋病防治的公益事业，做好艾滋病防治工作	《传染病防治法》第9条，《艾滋病防治条例》第6条
		协助卫生行政主管部门和其他有关部门、医疗卫生机构做好疫情信息的收集和报告、人员的分散隔离、公共卫生措施的落实工作，向村民宣传传染病防治的相关知识	《突发公共卫生事件应急条例》第40条
		动员和组织本村适龄公民无偿献血	《献血法》第6条
		血吸虫病防治地区村民委员会应当协助地方各级人民政府及其有关部门开展血吸虫病防治的宣传教育，组织村民参与血吸虫病防治工作	《血吸虫病防治条例》第5条

续表

序号	类别	事项内容	职责依据
5	卫生计生	对全面两孩政策调整前的独生子女家庭和农村计划生育双女家庭，配合做好各项奖励扶助制度，落实优惠政策	中共中央、国务院《关于优化生育政策促进人口长期均衡发展的决定》第22条，《关于开展对农村部分计划生育家庭实行奖励扶助制度试点工作的意见》，《计划生育村民自治规范》第6条
		协助乡镇人民政府做好计划生育工作，做好流动人口婚育情况登记，了解本村流动人口计划生育情况	《村民委员会组织法》第7条、第9条
6	农业水利	负责其所有的基本农田保护工作，并有权检举、控告侵占、破坏基本农田的行为	《基本农田保护条例》第5条
		实施退耕还林的村建立退耕还林公示制度，将退耕还林者的退耕还林面积、造林树种、成活率以及资金和粮食补助发放等情况进行公示	《退耕还林条例》第46条
		干旱灾害发生地区的村民委员会组织力量，向村民宣传节水抗旱知识，协助做好抗旱措施的落实工作	《抗旱条例》第42条

续表

序号	类别	事项内容	职责依据
6	农业水利	协助本地人民政府做好气象灾害防御知识的宣传和气象灾害应急演练工作	《气象灾害防御条例》第17条
		宣传动物疫病防治的相关知识，协助做好疫情信息的收集、报告和各项应急处理措施的落实工作	《重大动物疫情应急条例》第37条
		推动、帮助村农业技术服务站点和农民技术人员开展工作	《农业技术推广法》第15条
		协助县级农业行政主管部门、土地行政主管部门定期评定基本农田地力等级	《基本农田保护条例》第21条
		进行农田水利工程建设、经营和运行维护，保护农田水利工程设施，节约用水，保护生态环境	《农田水利条例》第5条
		配合各级人民政府及有关部门做好农作物病虫害防治工作	《农作物病虫害防治条例》第7条
7	村庄规划建设和土地管理	协助乡镇人民政府编制村庄规划	《城乡规划法》第22条
		支持、配合土地行政主管部门就土地违法问题进行的监督检查工作，提供工作方便，不得拒绝与妨碍土地管理监督检查人员依法执行职责	《土地管理法》第70条
		在乡级人民政府的指导下，可以按照村民自愿、民主决策的原则和“一事一议”制度组织村道建设	《农村公路建设管理办法》第5条

续表

序号	类别	事项内容	职责依据
8	生态环境治理	应当在县级以上地方人民政府的领导和草原防火主管部门的指导下，落实草原防火责任制，加强火源管理，消除火灾隐患，做好本单位的草原防火工作	《草原防火条例》第23条
		开展生态环境保护法律法规和环境保护知识的宣传	《环境保护法》第9条，《水污染防治法》第7条
		乡镇人民政府组织群众做好湿地保护相关工作，村民委员会予以协助	《湿地保护法》第4条
		做好退耕还林、低质低效林改造、依法治理水土流失等相关工作	《森林法》第43条、第46条
		配合乡镇人民政府以及相关部门，做好生活垃圾源头减量和分类投放的组织、动员、宣传、指导工作，倡导村民委员会将生活垃圾分类要求纳入村规民约	《农村人居环境整治提升五年行动方案（2021—2025年）》
		参与绿化美化乡村环境行动，建设美丽乡村	《乡村振兴促进法》第34条
9	统计和普查工作	协助所在地人民政府动员和组织社会力量，做好本区域的人口普查工作	《全国人口普查条例》第3条

续表

序号	类别	事项内容	职责依据
9	统计和普查工作	广泛动员和组织社会力量积极参与并认真做好经济普查工作	《全国经济普查条例》第16条
		在乡镇人民政府的指导下做好本区域内的农业普查工作	《全国农业普查条例》第17条
		广泛动员和组织社会力量积极参与土地调查工作	《土地调查条例》第10条
10	其他依法依规协助政府工作的事项		

三、由基层群众性自治组织出具的证明事项清单

基层群众性自治组织出具的证明事项的用途、要求开具单位及设定依据如表3所示。

表3　由基层群众性自治组织出具的证明事项

序号	名称	要求开具单位	用途	设定依据
1	申请社会救助相关证明	民政部门（县）	申请最低生活保障（低收入家庭救助），特困人员救助供养，医疗救助，临时救助	《社会救助暂行办法》第4条

续表

序号	名称	要求开具单位	用途	设定依据
2	监护人证明	不动产登记机构（市、县），司法行政部门（市、县），残联（市、县）	办理不动产登记，诉讼，履行未成年人、无民事行为能力人或限制民事行为能力人监护职责	《民法典》第31条
3	应征公民及亲属现实表现证明	征兵办公室（市、县）	征兵入伍	《征兵工作条例》第21条
4	收养登记相关证明	民政部门（市、县）	收养登记	《中国公民收养子女登记办法》第4~6条
5	食用农产品生产者或者个人生产的食用农产品产地证明	市场监督管理部门(县)	为其他食用农产品生产者或者个人生产的食用农产品出具产地证明	《食用农产品市场销售质量安全监督管理办法》第13条
6	病残儿证明	卫生计生行政主管部门（市）	病残儿医学鉴定	《病残儿医学鉴定管理办法》第11条
7	矫正相关证明	司法行政部门（市、县）	出具相关意见	《社区矫正实施办法》第4条

四、不应由基层群众性自治组织出具的证明事项清单

不应由基层群众性自治组织出具的证明事项、办事途径如表4所示，其依据为民政部、国家发展改革委、公安部、司法部、人力资源和社会保障部、国家卫生健康委《关于改进和规范基层群众性自治组织出具证明工作的指导意见》。

表4　不应由基层群众性自治组织出具的证明事项

序号	证明名称	办事途径
1	亲属关系证明	居民办事事项涉及的相关部门可通过与公安、民政、卫生健康等部门信息共享方式进行核对，或由居民据实提供居民户口簿、结婚证、《出生医学证明》等予以证明，证件材料遗失的由相关部门予以补办；曾经同户人员间的亲属关系，历史户籍档案等能够反映，需要开具证明的，公安派出所在核实后应当出具（不动产登记情况、公证办理情况除外）
2	居民身份信息证明（户籍证明）	居民办事事项涉及的相关部门可通过与公安部门信息共享方式进行核对，或由居民据实提供居民户口簿、居民身份证、出入境证件等予以证明，证件材料遗失的由相关部门予以补办
3	户口登记项目内容变更申请证明	居民直接向公安部门申请办理姓名、性别、民族成分、出生日期、居民身份证号码5项户口登记项目内容变更，无须基层群众性自治组织提供前置证明材料

续表

序号	证明名称	办事途径
4	居民养犬证明	养犬居民应当自行征求利害关系人的同意，并提供相关证明材料；公安等有关部门应当按法律规定自主进行调查核实
5	无犯罪记录证明	根据相关规定，国家正在逐步健全完善犯罪记录制度，人民法院负责依照规定向公安机关送达生效的刑事裁判文书，公安部门、国家安全部门和司法行政部门分别负责受理、审核和处理有关犯罪记录的查询申请
6	人员失踪证明	利害关系人直接向基层人民法院提出申请，由基层人民法院依法定程序宣告人员失踪
7	婚姻状况证明（婚姻关系证明、分居证明）	居民办事事项涉及的相关部门可通过与民政部门、人民法院信息共享方式进行核对；或由居民据实提供结婚证、离婚证、人民法院生效裁判文书或离婚证明书、配偶死亡证明等予以证明，证件材料遗失的由相关部门予以补办（婚姻登记档案丢失、收养情况除外）
8	出生证明	居民应当据实提供《出生医学证明》、居民户口簿、居民身份证、出入境证件等予以证明，证件材料遗失应当及时通过相关部门补办
9	健在证明	居民办事事项涉及的相关部门通过与卫生健康部门信息共享的方式进行核对

续表

序号	证明名称	办事途径
10	死亡证明	居民办事事项涉及的相关部门通过与卫生健康部门、公安部门、人民法院信息共享的方式进行核对；负责救治或正常死亡调查的医疗卫生机构出具《居民死亡医学证明(推断)书》，未经救治的非正常死亡证明由公安部门出具，失踪人员由人民法院依法定程序宣告死亡
11	疾病状况证明（急诊证明、意外伤害证明）	疾病状况证明（急诊证明）由具备医学鉴定资质的医疗卫生机构出具，意外伤害证明由当事人向人力资源社会保障部门、保险公司提供就医记录等材料
12	残疾状况证明	由户籍所在地县级卫生行政机构和残联指定的具备评残资格的医疗卫生机构出具相关证明
13	婚育状况证明（生育状况证明）	居民办事事项涉及的相关部门通过与卫生健康部门信息共享的方式进行核对；居民提供《出生医学证明》、居民户口簿等予以证明，证件材料遗失应当及时通过相关部门补办(收养情况除外)
14	居民就业状况证明	居民实际持有能证明失业身份的，如终止解除劳动关系证明、个体工商户（私营企业主）停业证明等，由居民自行提供；登记失业人员、就业困难人员由公共就业服务机构在其申领的《就业创业证》上予以注明

续表

序号	证明名称	办事途径
15	居民个人档案证明	居民办事事项涉及的相关部门通过居民个人档案保管单位信息共享的方式进行核对；居民应当提供真实、合法、充分的有关证明材料（国家另有规定的除外）
16	居民财产证明（经济状况证明、收入证明、偿还能力证明、房产证明、银行存款证明、投资情况证明、车辆所有权证明等）	居民办事事项涉及的相关部门按照法定程序与权限，通过与财政、税务、人力资源和社会保障、房地产管理、自然资源、银保监、证监、市场监管、公安等部门信息共享或个案查询的方式进行核对；居民应当据实提供不动产权属证书、银行存款凭证、有价证券、保险合同、车辆行驶证等予以证明，证件材料遗失应当及时通过相关部门补办（法律援助情况除外）
17	遗产继承权证明	居民办事事项涉及的相关部门通过与民政、卫生健康等部门信息共享的方式进行核对；居民应当据实提供结婚证、离婚证、居民户口簿、《出生医学证明》等予以证明，证件材料遗失应当及时通过相关部门补办；继承人应当本着互谅互让、和谐团结的精神，协商处理继承问题，遗产分割的时间、办法和份额，由继承人协商确定，协商不成的，可以由人民调解委员会调解或者向人民法院提起诉讼
18	市场主体住所证明（经营场所证明、同意住宅改变为经营性用房证明、经营性用房无扰民证明）	申请人应当提供经营场所的不动产权属证明文件、有效租赁合同等；住宅改变为经营性用房的，申请人应当自行征求利害关系人的同意，并提供相关证明材料

续表

序号	证明名称	办事途径
19	证件遗失证明	居民遗失居民身份证、居民户口簿、出入境证件、结婚证、离婚证、老年人优待证、残疾人证、残疾军人证、车辆行驶证、《出生医学证明》、《居民死亡医学证明（推断）书》、学历学位证书等证件、证明材料，以及银行卡、存折、保险合同、邮政汇款单、邮政包裹单、电卡、天然气卡等商业凭证，应当向业务归口管理部门或经办单位申请补发，无须基层群众性自治组织提供前置证明材料

第三编

运行流程图及指导目录

第一章　农村小微权力运行流程图

为进一步贯彻落实中央关于实施乡村振兴战略的决策部署，深化农村基层党风廉政建设，规范村级小微权力运行，我们结合农村实际，按照于法周全、于事简便的原则，抓住基层不正之风和腐败问题易发多发的薄弱环节，全面建立村级“小微权力”清单，梳理细分事项清单，设置议事决策、组织人事、“三资”管理、工程采购、救助救济、村务公开和公共服务等类别，逐条制定具体事项，绘制运行流程图，明确每项村务权力事项的名称、具体实施的责任主体、权力事项的设定依据、权力运行的操作流程、运行过程的公开公示，做到一事一流程，推动农村基层党员干部按章办事。我们希望通过这一方式将村级事务小微权力“清单化”“流程化”，让村干部按图做事、看图办事，进一步厘清村级小微权力边界，规范村级小微权力运行，强化村级小微权力监督，加强对村级事务事前、事中、事后的全过程监控，从源头上遏制群众身边不正之风和腐败问题，为推动全面从严治党向基层延伸，营造风清气正的农村基层政治生态，为高水平推进城乡融合发展和提高基层治理现代化水平提供坚实保障。

一、村级重大事项“四议两公开”流程图

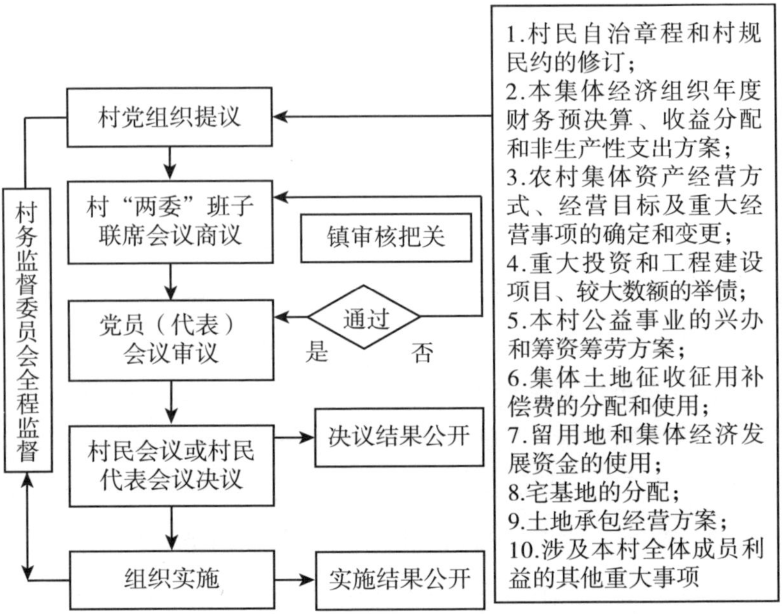

★廉政风险提示：（1）未经民主决策程序；（2）决策结果、实施结果未公开。

行使职权依据：《村民委员会组织法》第8条、第21条、第24条、第29条、第30条，《中国共产党农村基层组织工作条例》第10条。

二、村级工作人员任用流程图

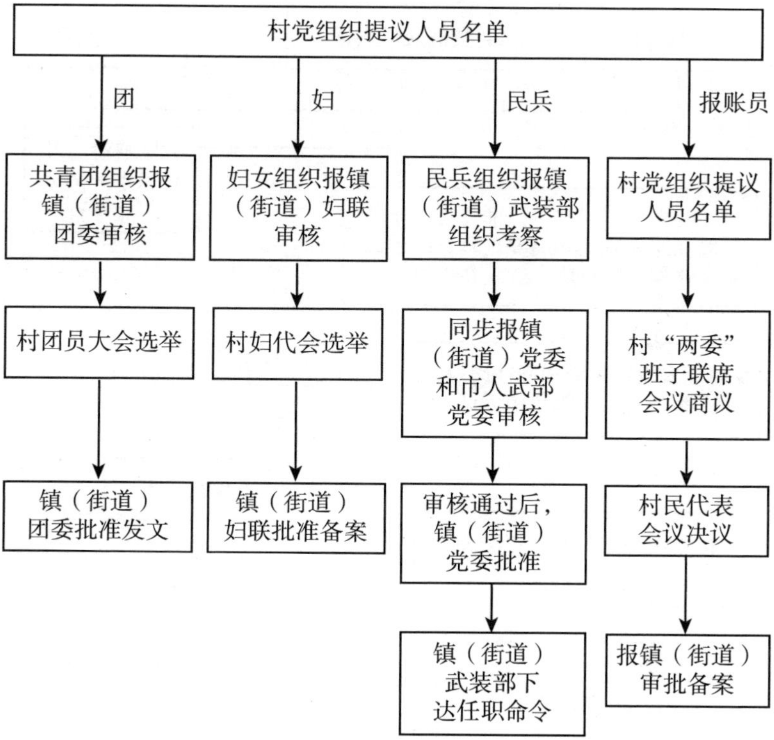

备注：村党组织、村民委员会、村务监督委员会、村股份经济合作社人员按照党和国家有关规定选举产生。

★廉政风险提示：（1）未经村“两委”班子联席会议商议，村民代表会议表决；（2）收受好处，优亲厚友，拉帮结派搞小团体。

行使职权依据：《村民委员会组织法》。

三、村级后备干部选拔任用工作流程图

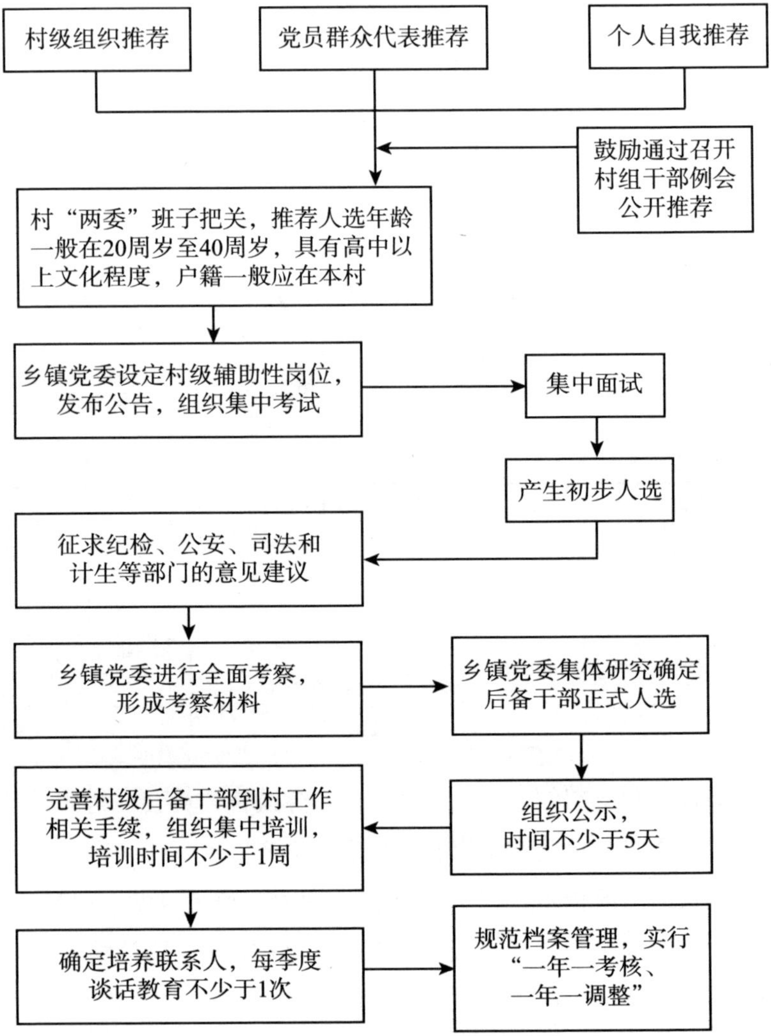

行使职权依据：《中国共产党农村基层组织工作条例》。

四、印章使用管理流程图

1. 村党组织印章使用管理流程图

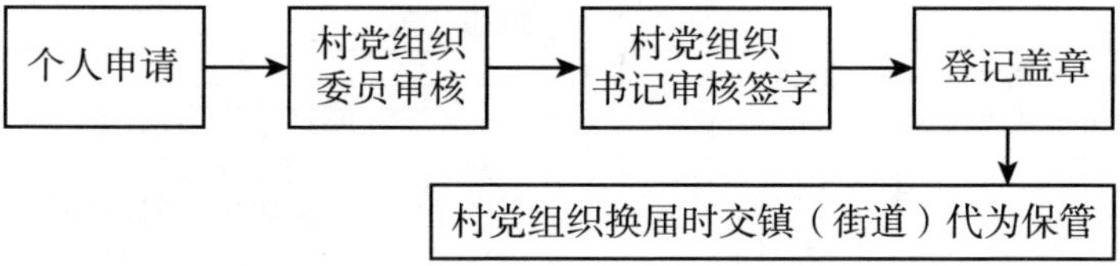

2. 村委会印章使用管理流程图

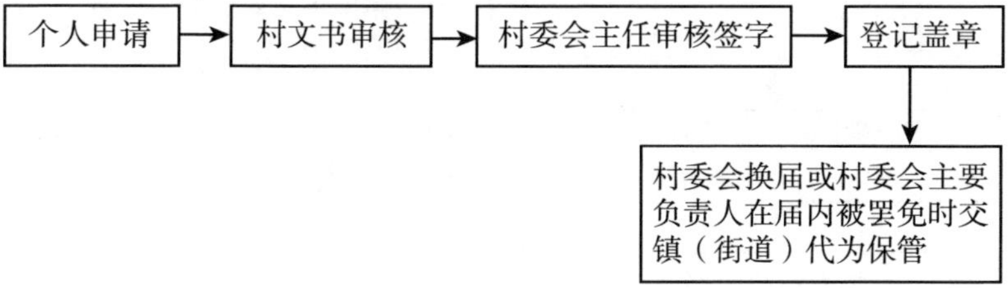

3. 村（股份）经济合作社印章使用管理流程图

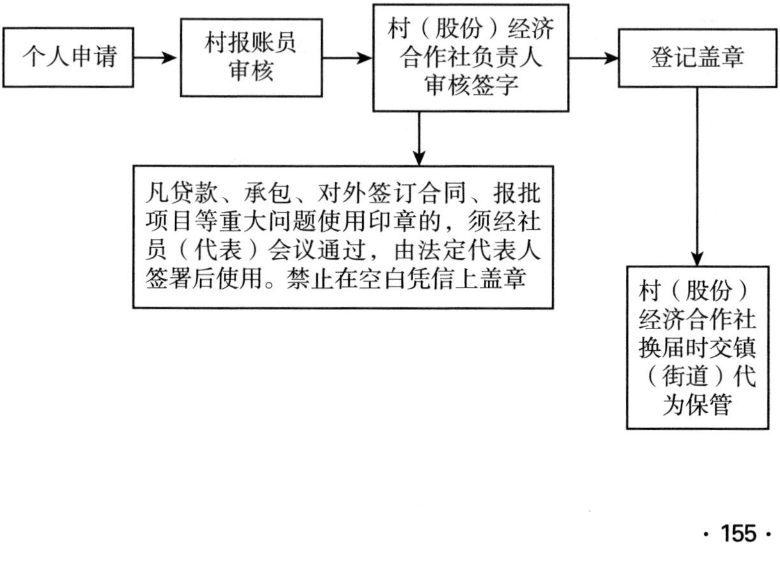

五、党员发展流程图

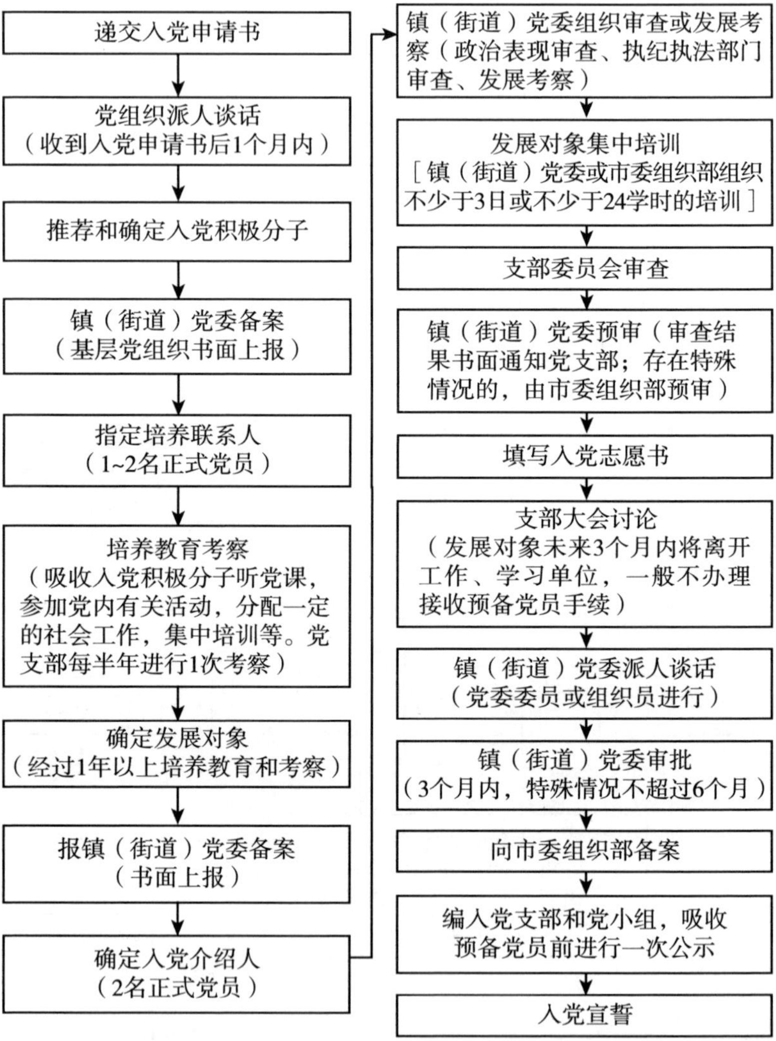

行使职权依据：《中国共产党农村基层组织工作条例》《中国共产党章程》。

六、党员组织关系转接工作流程图

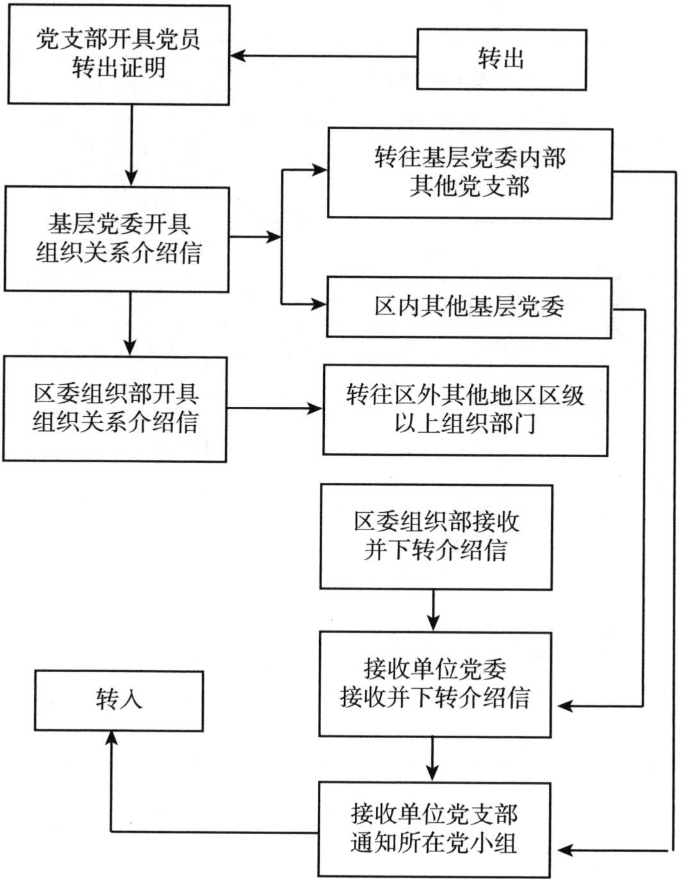

行使职权依据：中共中央组织部《关于进一步加强党员组织关系管理的意见》。

七、集体资产资源处理（承包、出租、转让、出让）流程图

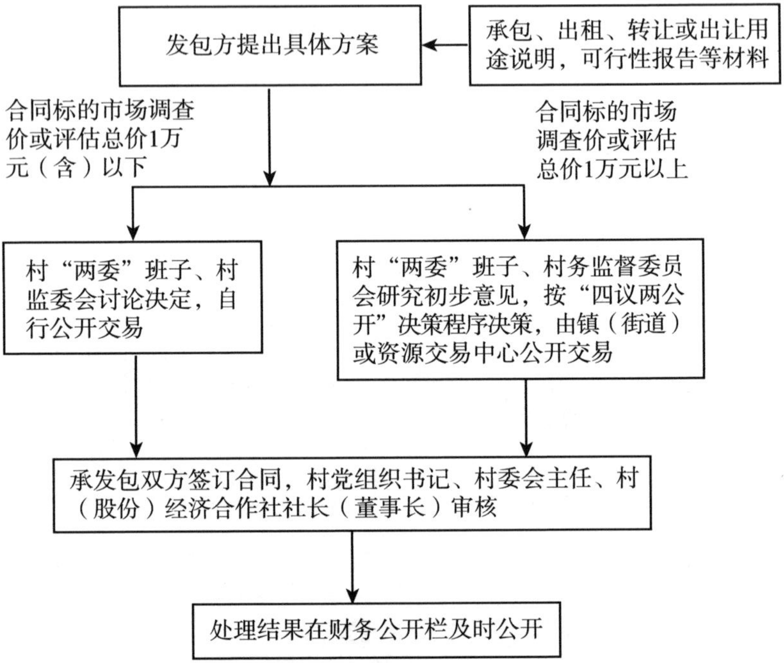

★廉政风险提示：（1）未建立经营性资产资源台账；（2）资产处理未经集体商议；（3）未按规定进入公共资源交易中心公开交易，直接发包；（4）处理结果未及时公开。

八、财产物资管理流程图

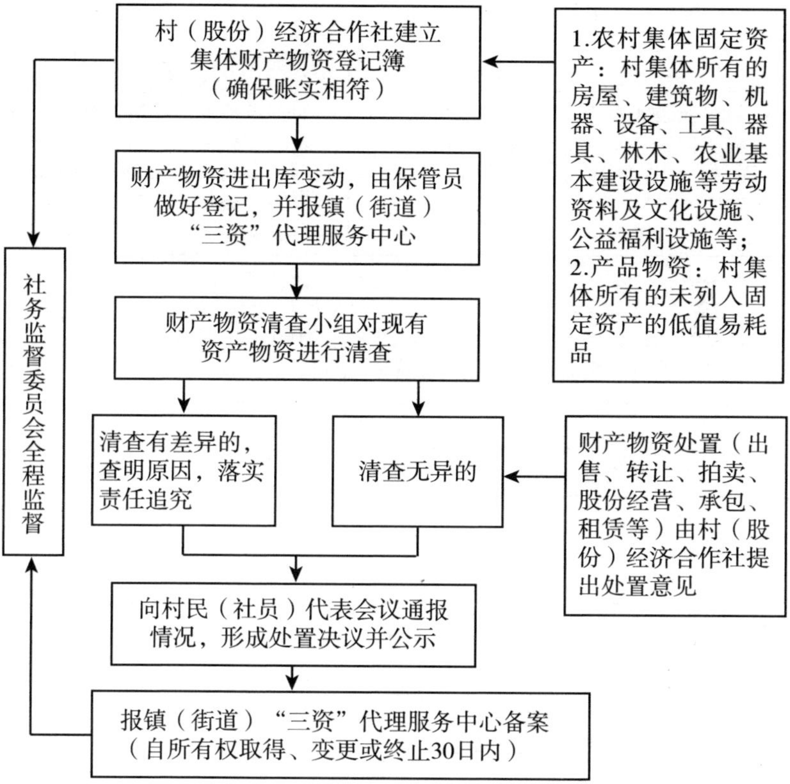

★廉政风险提示：（1）未建立财产物资登记簿，未进行定期清查；（2）未经批准，擅自借用集体财产和物资；（3）大额财产物资处置未经村民（村员）代表会议通过；（4）清查结果未进行公示。

行使职权依据：原农业部《关于进一步加强农村集体资金资产资源管理指导的意见》。

九、村级财务支出及备用金申请流程图

1. 财务支出流程图

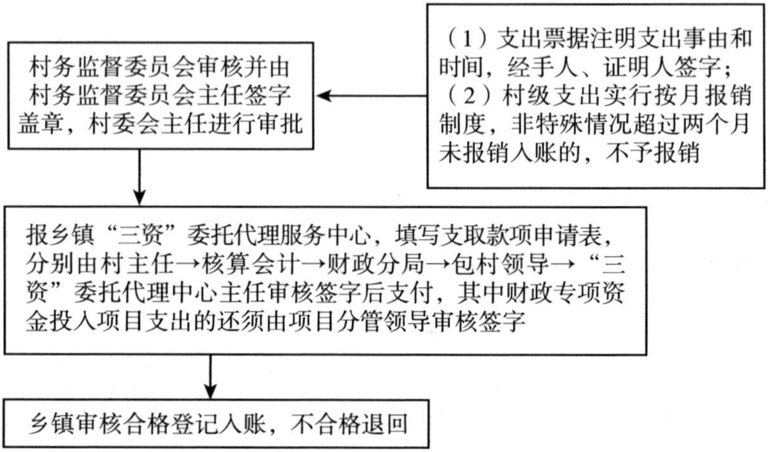

2. 备用金申请流程图

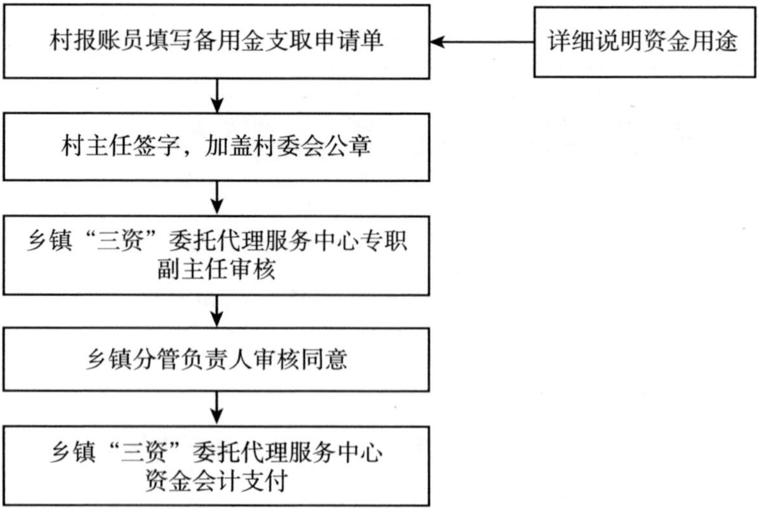

十、党务公开流程图

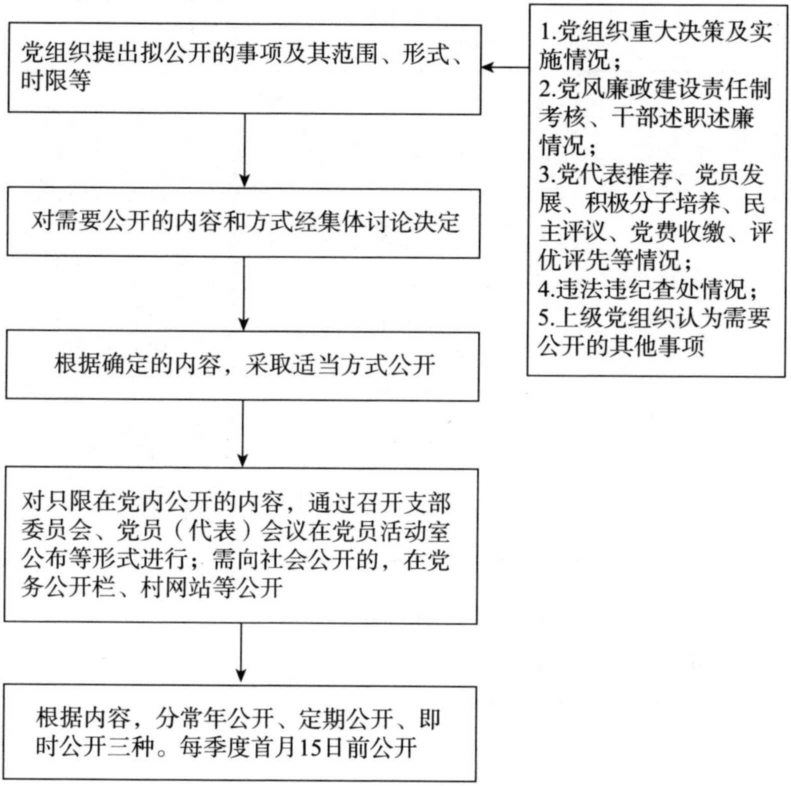

行使职权依据：中共中央办公厅《关于党的基层组织实行党务公开的意见》。

十一、村务公开流程图

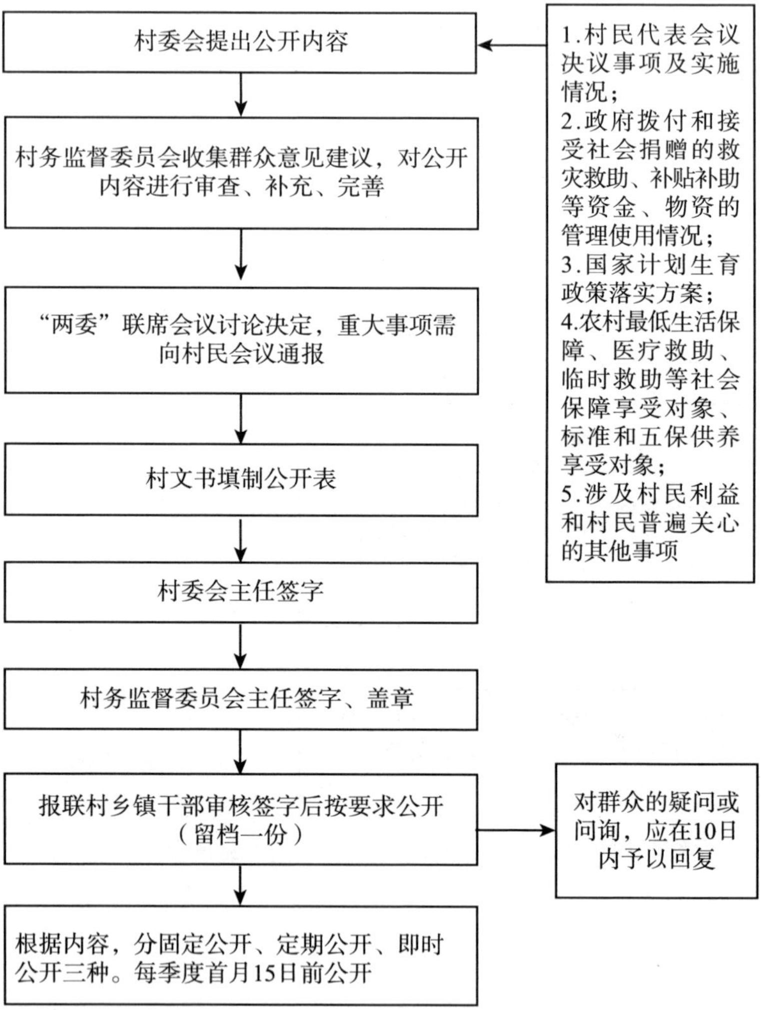

行使职权依据：《村民委员会组织法》第30条。

十二、集体土地征收及征收款发放流程图

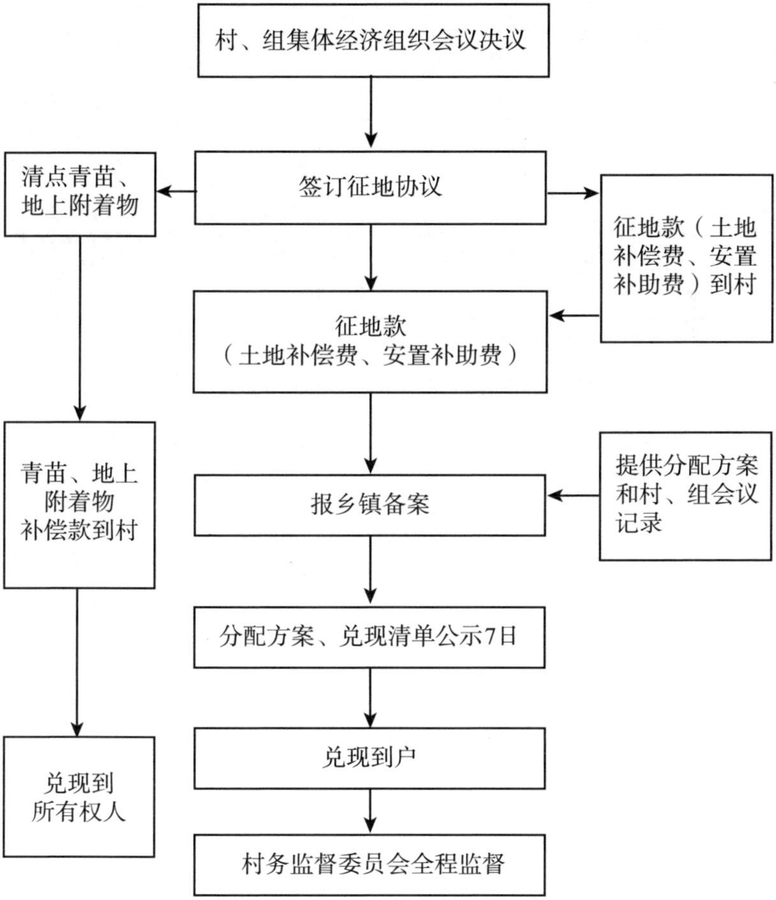

行使职权依据：《土地管理法》《土地管理法实施条例》。

十三、农村公益事业筹资筹劳流程图

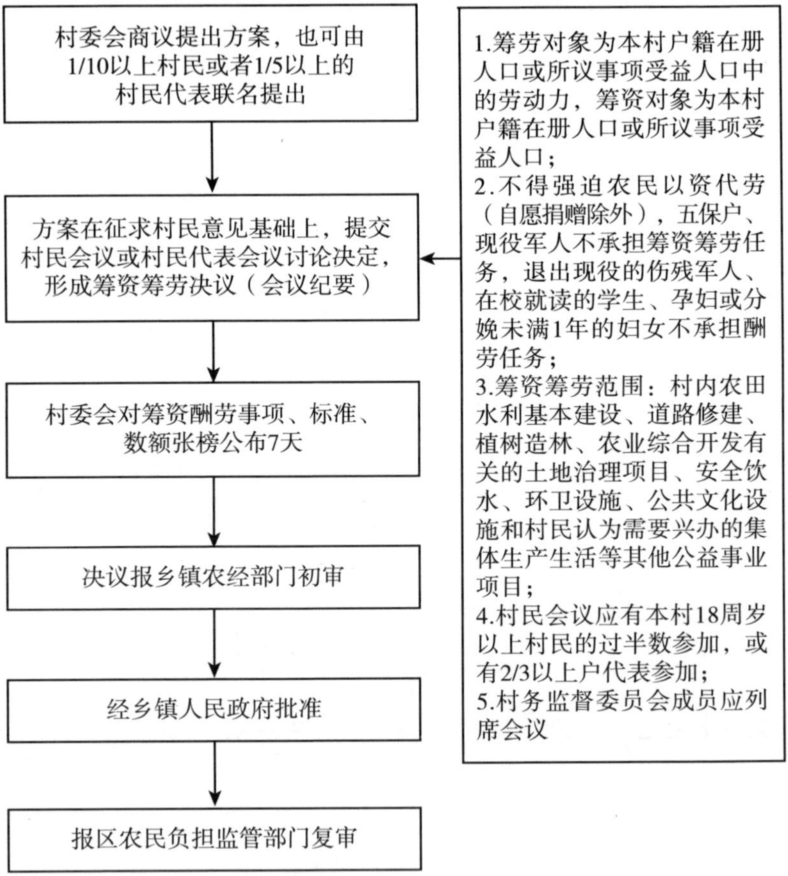

行使职权依据：国务院办公厅《关于转发农业部村民一事一议筹资筹劳管理办法的通知》。

十四、农村宅基地建房申请审批流程图

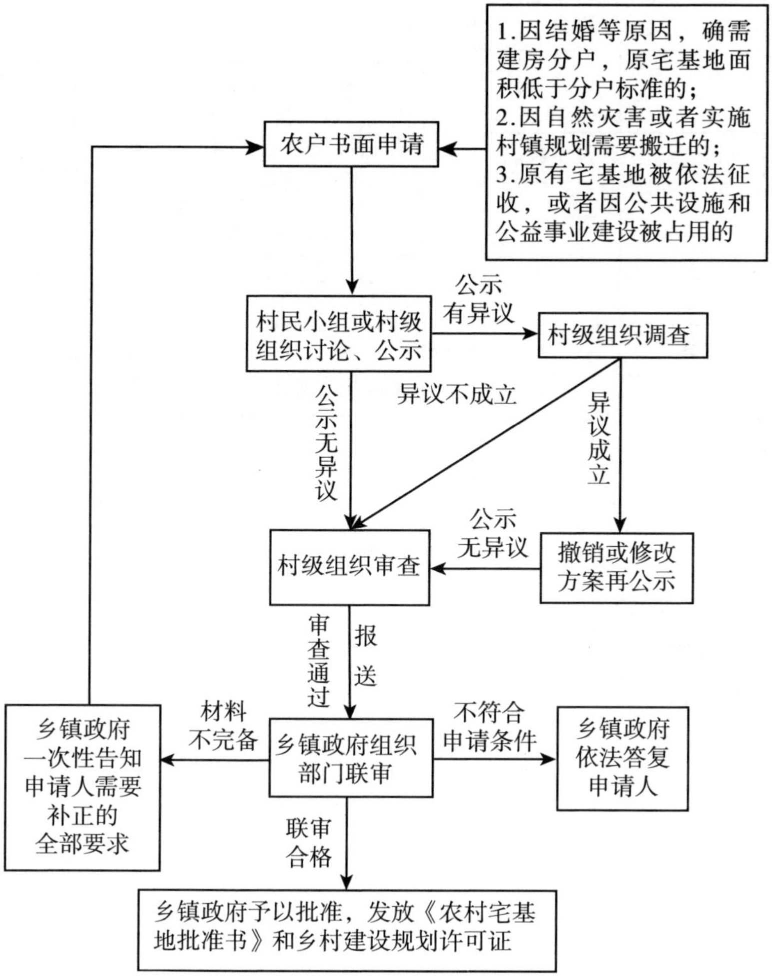

行使职权依据：《城乡规划法》第22条。

十五、农村危房改造申请流程图

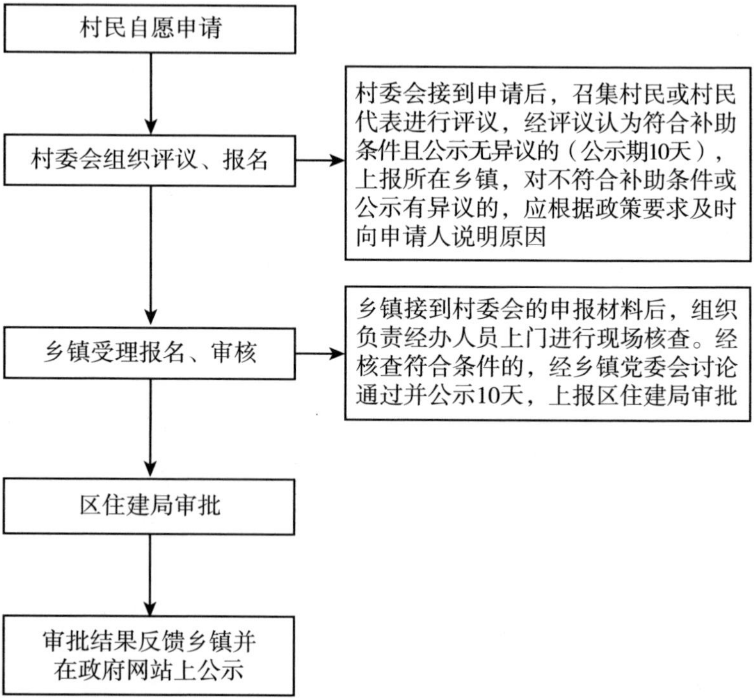

行使职权依据：住房和城乡建设部办公厅、原国务院扶贫办综合司《关于统筹做好疫情防控和脱贫攻坚保障贫困户住房安全相关工作的通知》，住房和城乡建设部《关于开展脱贫攻坚农村危房改造挂牌督战工作的通知》。

十六、农村特困人员申请流程图

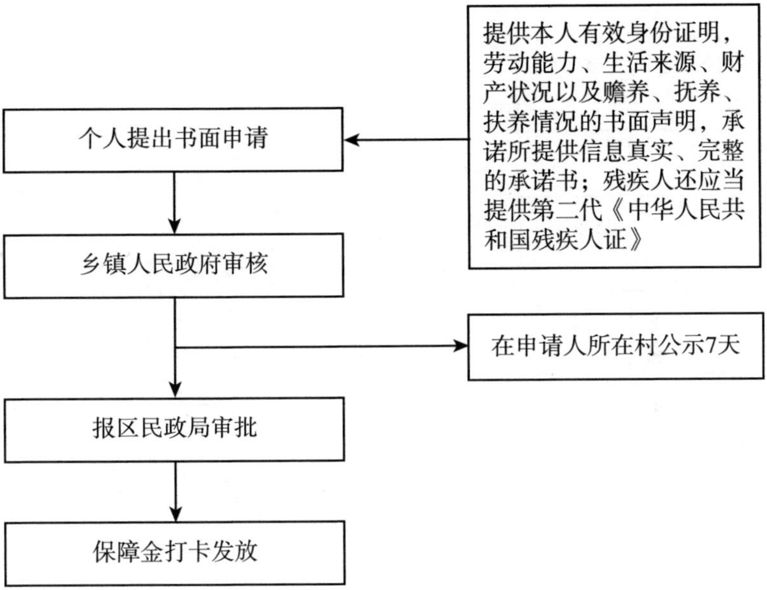

行使职权依据：《特困人员认定办法》。

十七、城乡居民最低生活保障对象申请流程图

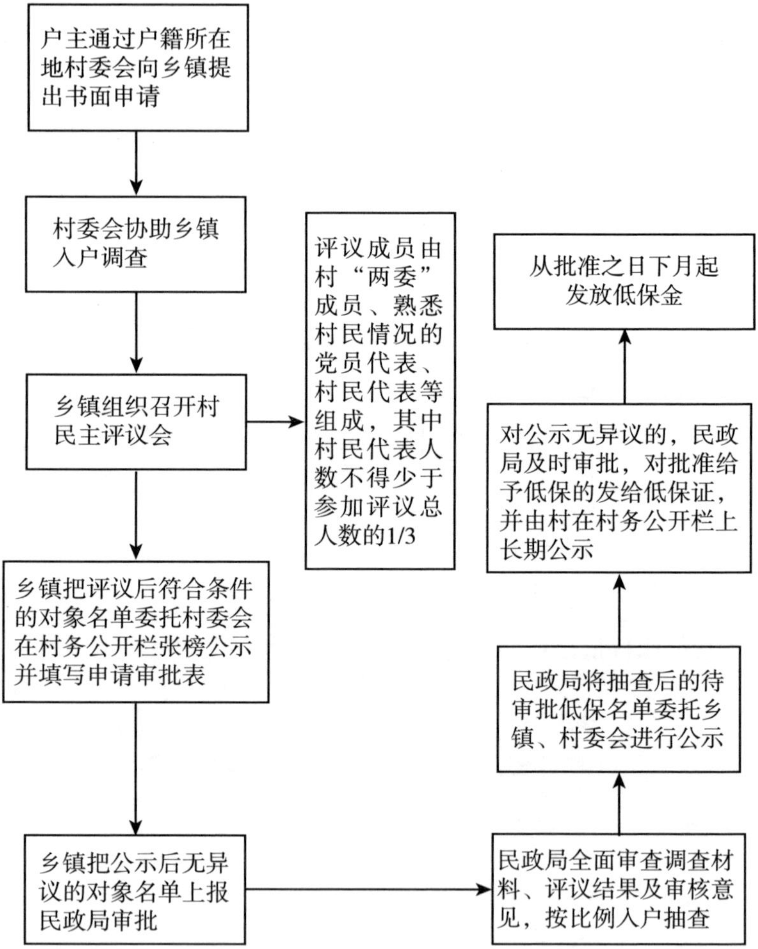

行使职权依据：《社会救助暂行办法》。

十八、救济、救灾款发放流程图

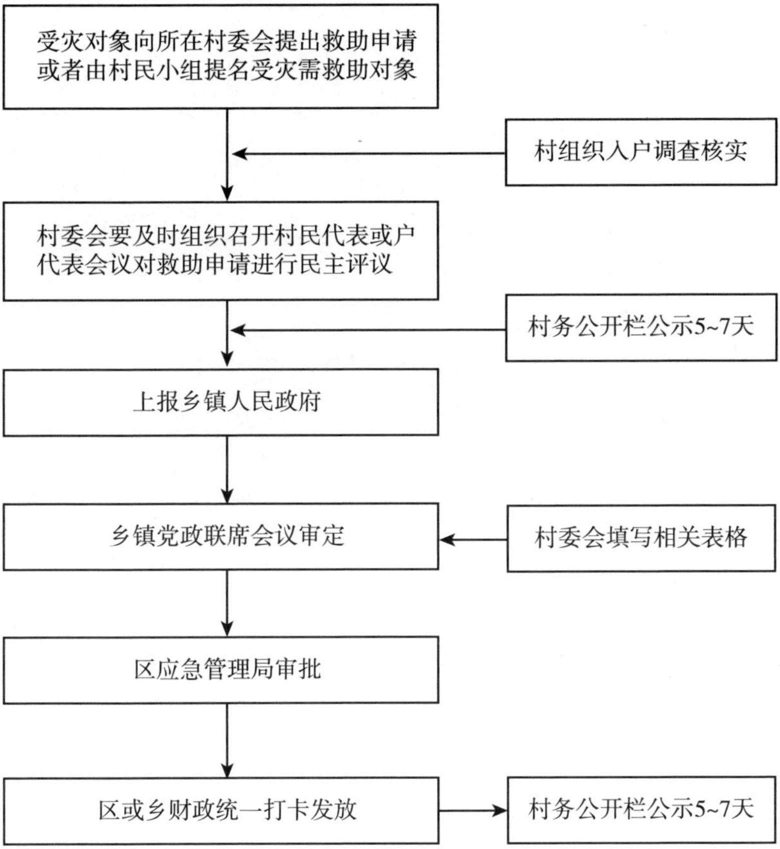

行使职权依据：《中央自然灾害救灾资金管理暂行办法》。

十九、城乡医疗救助申请流程图

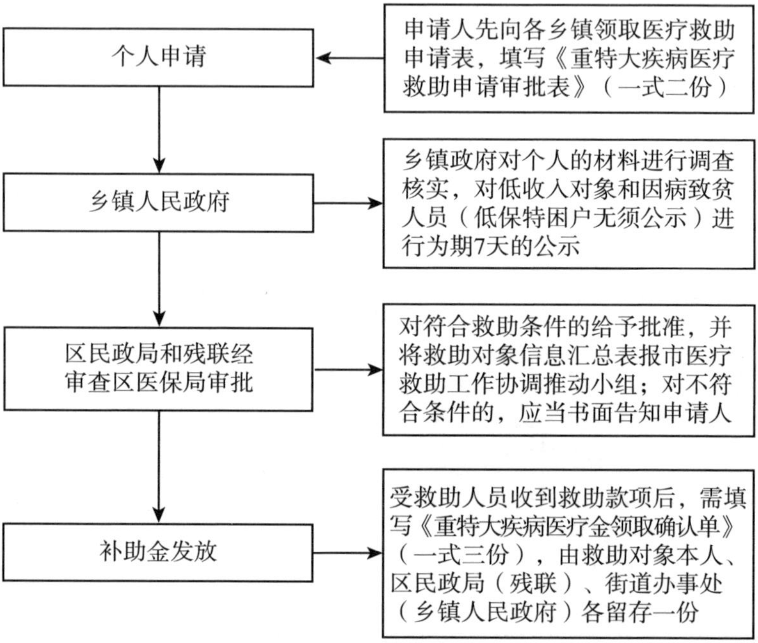

行使职权依据：《社会救助暂行办法》。

二十、临时救助申请流程图

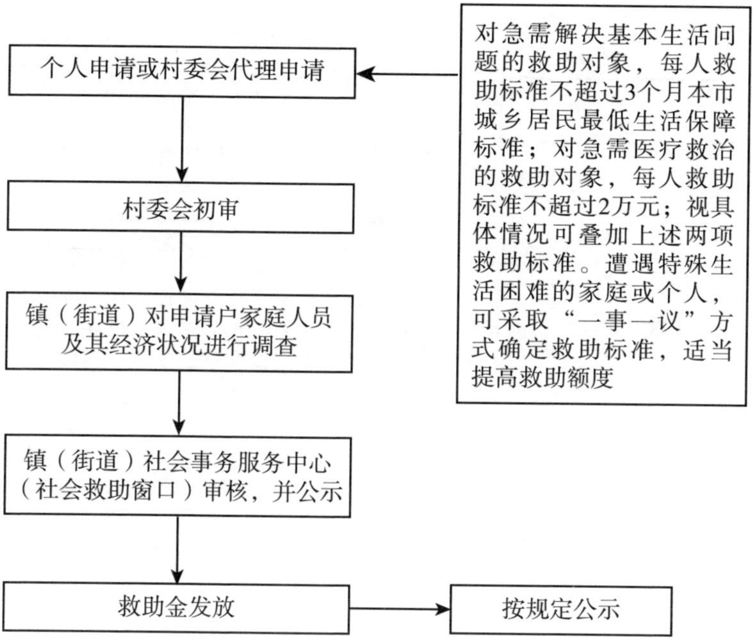

行使职权依据：国务院《关于全面建立临时救助制度的通知》，民政部、财政部《关于进一步加强和改进临时救助工作的意见》，《社会救助暂行办法》。

二十一、困难残疾人生活和重度残疾人护理补贴项目申请流程图

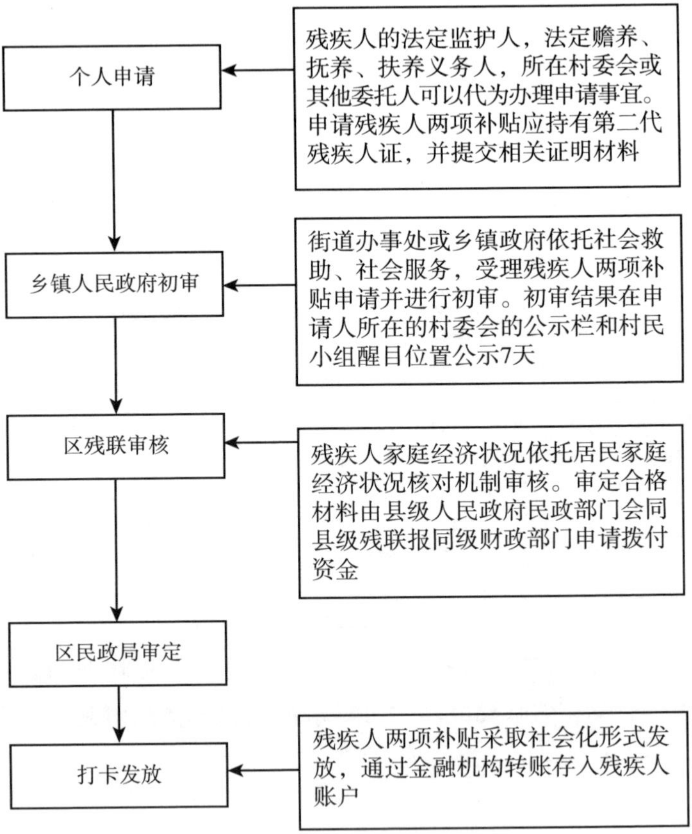

行使职权依据：国务院《关于全面建立困难残疾人生活补贴和重度残疾人护理补贴制度的意见》，民政部、财政部、中国残联《关于建立困难残疾人生活补贴和重度残疾人护理补贴标准动态调整机制的指导意见》。

二十二、城乡居民社会养老保险办理流程图

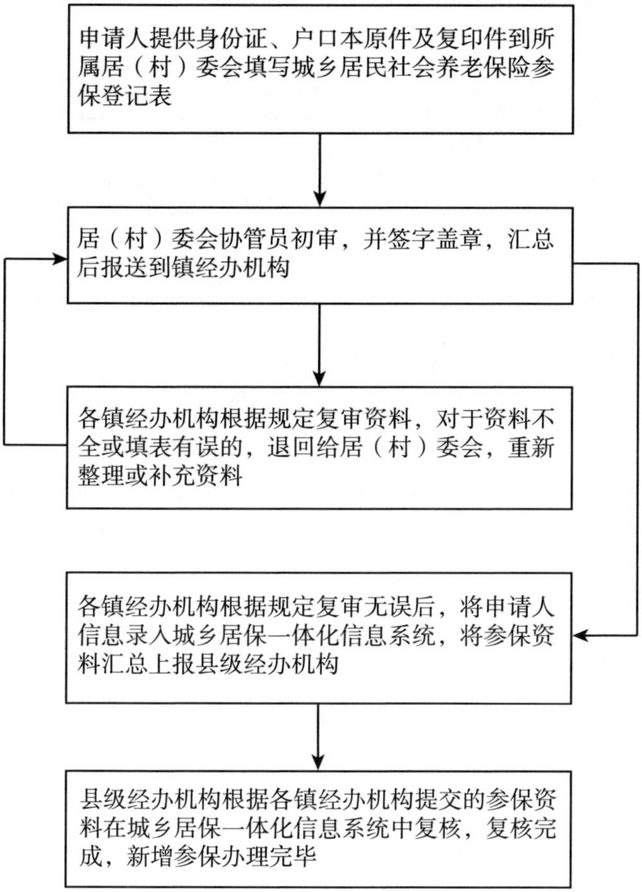

行使职权依据：《城乡居民基本养老保险经办规程》。

二十三、城乡居民基本医疗保险参保缴费流程图

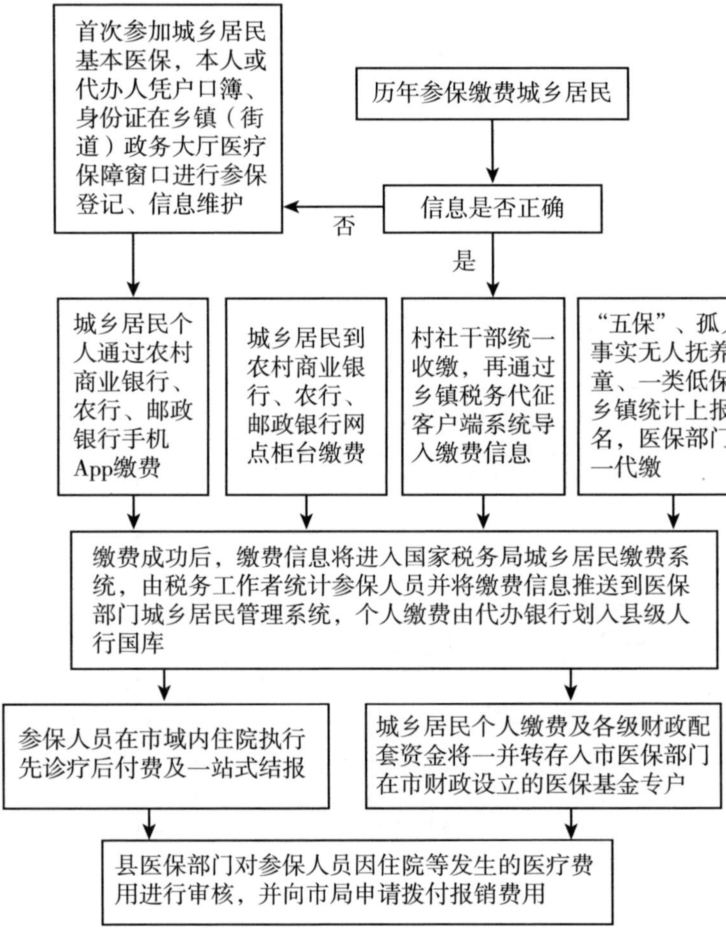

行使职权依据：国务院《关于整合城乡居民基本医疗保险制度的意见》。

二十四、农村土地承包经营权流转流程图

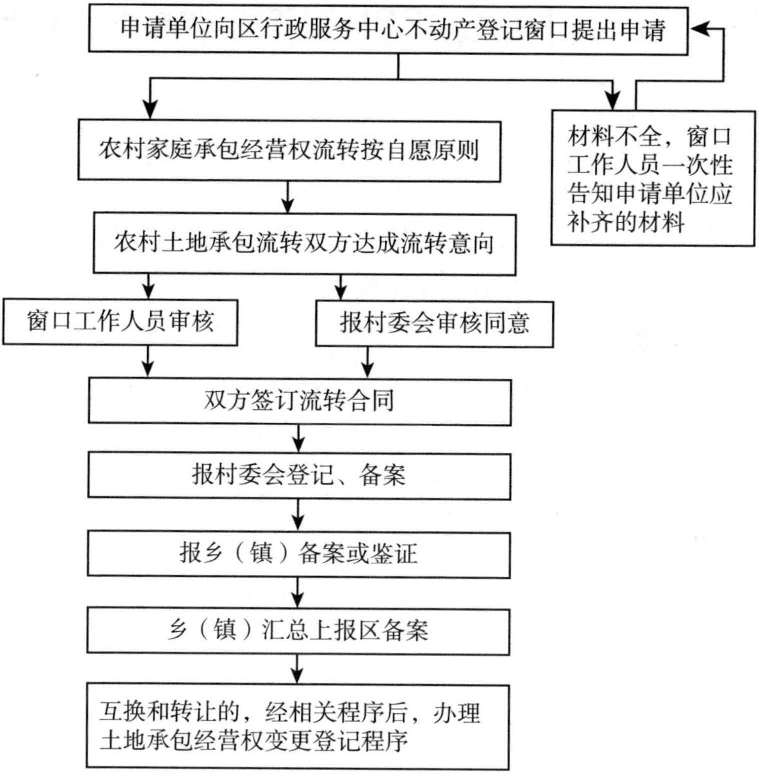

备注：（1）流转不得改变土地所有权性质和土地的农业用途。（2）流转期限不得超过承包期的剩余期限。（3）流转合同一式四份。流转双方各执一份，发包方和乡镇农经部门各备案一份。（4）村本级的集体土地流转须通过县农村产权交易中心办理。

行使职权依据：《农村土地承包法》第12条。

第二章　村务公开和议事协商指导目录

村务公开是村民自治的重要内容，是村级组织规范化建设的关键环节，是加强基层社会主义民主政治建设的客观要求，是推动乡村振兴的制度保证。因此，应根据乡村振兴的形势需要，及时丰富和拓展村务公开内容，具体包括党务公开、政务公开、会议情况、财务往来、集体“三资”、政府拨款、公益项目、学习宣传等公开事项。为此，我们编制村民委员会村务公开指导目录，共 18 类 83 项公开内容。通过全面厘清公开事项、规范公开目录、严格时限要求、明确责任，使村务公开内容规范明细、真实全面。

另外，为进一步加强基层群众性自治组织规范化建设，完善村级议事协商制度，提升基层群众自治能力，夯实基层社会治理基础，我们还编制了村民委员会议事协商指导目录，把涉及村民切身利益的重大事项和一般事项纳入其中。希望通过此种方式丰富议事协商形式，强化议事协商成果运用，建立健全完善基层党组织领导、村委会负责、各类议事协商主体共同参与的协商机制，增强基层群众自治能力。

第一节 村务公开指导目录

序号	类别	事项
1	涉农补贴	造林补助发放花名册
		补退耕还林补贴发放花名册
		农机购置补贴发放花名册
		耕地地力保护补贴发放花名册
		强制扑杀、免疫和养殖环节无害化处理补贴花名册
		新型职业农民培育补贴发放花名册
		支持新型农业经营主补贴发放花名册
		对在禁渔期、禁渔区内从事捕捞作业的渔船或补助对象发放花名册
		农户、农民用水户协会或其他农民专业合作经济组织、村组集体补助发放花名册以及其他
		申报耕地地力保护补贴、耕地面积
		护林员选聘管理办法及人员名单、补助标准
		惠农涉农政策、补贴名单、补贴金额
2	社会保障	最低生活保障、医疗救助、临时救助、残疾人两项补贴等社会保障的享受对象、标准和特困人员救助对象
		老年人补贴（高龄津贴、养老服务补贴、护理补贴等）名单、金额
3	财务公开	定期公开村级财务预决算信息

续表

序号	类别	事项
3	财务公开	实行“零”公示工作机制，按月公开村级财务信息、财务审计报告
		村集体所有的耕地、林地、滩涂、水面、集体建设用地等自然资源的变动、数量、价值、使用状况、收益状况等
		村集体所有的建筑物、机械设备、林木资产、其他资产等固定资产的账面价值、数量、使用状况、收益状况等
		其他集体经济所得收益的使用情况
		以借贷、租赁等方式处分村集体财产情况
		村集体资产资源发包、租赁、出让、投资及收益（亏损）情况
		享受误工补贴的人员名单、标准、金额
		涉及村民的收费项目、依据、标准以及收缴情况
4	宅基地、土地利用和管理	宅基地的使用方案
		宅基地申请条件公示、宅基地审批流程
		违规建筑整改通知书
5	征地拆迁	土地承包经营具体方案内容
		征地补偿费的使用、分配方案以及享受被征地农民养老保险补贴的人员名单、人均征地面积及补贴金额
		拆迁补偿公告、方案、标准及发放花名册
6	农村危房改造	危房改造补助方案、标准、申请人员名单、评议结果、审核结果、审批和实际补助情况

续表

序号	类别	事项
7	计划生育	计划生育政策落实方案
		计划生育家庭奖励扶持标准、奖励扶助对象名单
		独生子女保健费领取通知、独生子女保健费发放清单
8	救灾生产	居民住房恢复重建救助标准（居民因灾倒房、损房恢复重建具体救助标准），居民住房恢复重建救助对象评议结果公示（公开灾民姓名、受灾情况、拟救助标准、监督举报电话）
		救助款物管理，公布救助对象及其接受救助款物数额和使用情况
		政府拨付和接受社会捐赠的救灾、救助、优抚、补贴补助等资金、物资的管理使用情况
9	乡村振兴	路桥工程项目的筹资筹劳方案及建设承包方案
		饮水工程项目的筹资筹劳方案及建设承包方案
		农田水利设施建设项目的经费筹集、招标投标建设承包方案及其实施情况
		文化设施建设项目的经费筹集、招标投标建设承包方案及其实施情况
		卫生设施建设项目的经费筹集、招标投标建设承包方案及其实施情况
		扶贫项目资产量化内容
		其他公益事业财政奖补项目建设情况（按实际内容公开）

续表

序号	类别	事项
10	就业创业	电商培训通知、人员名单
		享受补贴的人员名单，具体补助人数、金额和标准
11	开具基层证明	证明村委会同意建房
		农村土地承包经营权变更情况
		农村土地承包经营权变更（户主、田块变更）情况
		证明成员的农民身份情况
		法定监护人代未成年人履行公司股东权利和义务时，用以证明法定监护人的资格情况
12	“四议两公开”	决策事项的决议、实施结果公开
		由村集体或者村民承担误工补贴的名单、标准、金额
		从村集体经济所得收益的使用计划
		本村公益事业的兴办和筹资筹劳方案及建设承包方案
		村民会议、村民代表会议撤销或者变更村民委员会不适当决定情况
13	村民委员会信息	届期内工作目标、年度工作目标及执行情况、年度工作报告（含村务公开工作情况）
		职责具体内容、村民委员会成员和村务监督委员会成员名单
		职责具体内容、小组组长名单、村民代表名单
14	选举信息	选举方案、日程安排、选举办法、选举公告、计票方法、选举结果、选举监督渠道
		公开参加选举的村民名单
		处理申诉的结果

续表

序号	类别	事项
15	村民规划	区位交通、自然资源、民族民俗文化、社会经济、人口分布等
		建设规划、经济和社会发展规划、年度计划及执行情况
		村集体经济和社会事业发展规划
		乡村规划建设具体名单
16	民主管理和民主监督	村民自治章程（按具体内容公开）
		村规民约（按具体内容公开）
		村务公开制度、村民会议制度、村民代表会议制度、村民评议村干部制度、村财务管理制度、民主决策及责任追究制度、辞职离任审计制度
		民主评议村民委员会成员情况
		村民委员会换届选举或村民委员会组成人员依法调整后的村务、财务和有关工作交接情况
		涉及村民利益的决策征求意见信息
		村民意见答复及采纳情况
		本村 1/10 以上村民或 1/3 以上村民代表要求公开的其他事项
17	生态环境	保护生态环境方面的政策、通知、倡议
		民间河长选聘管理流程及人员名单、补助标准
		河道、水资源的保护与治理基础知识
		保洁员选聘管理办法、保洁员名单、补助标准
		环境保护与治理基础知识、生态修复工程基础知识

续表

序号	类别	事项
18	其他事项	安全生产预警提示、地质灾害警示
		上级党委、政府和本村重要工作通知、公示
		依法协助基层人民政府或者其派出机构开展工作情况
		村民会议认为应当由村民会议讨论决定的涉及村民利益的其他事项
		征兵、爱国主义教育

第二节　议事协商指导目录

序号	类别	事项
1	制度建设	村规民约、村民自治章程的制定和修改
		民主决策、民主管理、民主监督、民主评议制度的制定和修改
		财务管理制度的制定和修改
		自治管理规约的制定和修改
		重大议事流程、议事规则的制定和修改
		公共收支管理办法
		村民议事会、道德评议会、红白理事会、禁毒禁赌会制度的修订完善
		治理规章制度的修订完善
		生态环境保护规章制度的修订完善

续表

序号	类别	事项
2	公共事务	新修道路、桥梁、水利等村级公益事业的“一事一议”、筹资筹劳和建设管理方案
		供电、供水、供气、通信、电视、网络等行业服务设施的建设收费、管理、维护
		农村宅基地划分使用
		村民土地承包和流转、林地变更调整、征收征用补充分配使用等方案
		电商、物业公司选聘
		物业与业主公共管理事务
		村公共区域广告招租
		集镇、村庄道路的命名
		防汛抗旱、地质灾害的防治
3	为民服务	小区业主委员会的设立、选举、改选
		亮化绿化、电梯、二次供水养护管理、日常保洁等
		下水道、道路、化粪池整修疏浚，公共停车位设定及管理，遮阳、雨棚安装
		通信光缆、弱电线路安全隐患部门协商
		老旧房屋改造
		邻里纠纷调处
		村内办丧事、办婚宴
4	公共事业	村文体活动
		公益广告制作与安装
		健身器材的选址、安装

续表

序号	类别	事项
4	公共事业	门禁改造、视频监控、电子快递柜、充电桩设立
		公共部位设施修缮
		精神文明创建活动及宣传
		志愿服务活动及宣传
		村公益事业基础设施建设及管理
		村党务、政务、财务公开
		维修基金监管使用
		公共资金收支监督
		物管服务、村工作群众满意度测评
		社会组织的成立
		举报信箱
		慰问困难党员、困难群众、爱心帮扶
		妇女、儿童、老年人、残疾人的社会工作
5	村务管理	村经济社会发展规划和年度计划
		征地补偿和村拆迁改造规划、计划的编制和调整
		财务预决算
		村集体经济项目的立项、承包、招投标方案
		村级集体资产资源和经济项目发包出租
		村民小组的划分、网格的划分及管理
6	财务管理	网格员奖励惩罚制度
		财务预决算
		集体经济大额资金的使用

续表

序号	类别	事项
6	财务管理	集体举债
		集体资产处置
		村级受益分配
		村财务安排和大额资金的管理使用
7	党务管理	在职党员活动和管理
		社会组织的培育发展
		党员发展和党员活动
8	其他事项	法律法规和政策明确要求协商的事项
		党和政府的方针政策、重点工作部署的落实
		村民反映强烈、迫切要求解决的实际困难、问题和纠纷
		各类协商主体提出协商需求的事项